A RODA, A ENGRENAGEM E A MOEDA

FUNDAÇÃO EDITORA DA UNESP

Presidente do Conselho Curador
José Carlos Souza Trindade

Diretor-Presidente
José Castilho Marques Neto

Editor Executivo
Jézio Hernani Bomfim Gutierre

Conselho Editorial Acadêmico
Alberto Ikeda
Alfredo Pereira Junior
Antonio Carlos Carrera de Souza
Elizabeth Berwerth Stucchi
Kester Carrara
Lourdes A. M. dos Santos Pinto
Maria Heloísa Martins Dias
Paulo José Brando Santilli
Ruben Aldrovandi
Tania Regina de Luca

Editora Assistente
Joana Monteleone

A RODA, A ENGRENAGEM E A MOEDA

VANGUARDA E ESPAÇO CÊNICO NO TEATRO
DE VICTOR GARCIA, NO BRASIL

NEWTON DE SOUZA

© 2003 Editora UNESP

Direitos de publicação reservados à:
Fundação Editora da UNESP (FEU)
Praça da Sé, 108
01001-900 – São Paulo – SP
Tel.: (0xx11) 3242-7171
Fax: (0xx11) 3242-7172
www.editoraunesp.com.br
feu@editora.unesp.br

Dados Internacionais de Catalogação na Publicação (CIP)
(Câmara Brasileira do Livro, SP, Brasil)

Souza, Newton de
A roda, a engrenagem e a moeda: vanguarda e espaço cênico no teatro de Victor Garcia, no Brasil / Newton de Souza. – São Paulo: Editora UNESP, 2003.

Bibliografia.
ISBN 85-7139-494-6

1. Crítica teatral 2. Garcia, Victor, 1935-1982 – Crítica e interpretação 3. Teatro – Brasil 4. Vanguarda (Estética) I. Título. II. Título: Vanguarda e espaço cênico no teatro de Victor Garcia, no Brasil.

03-5472   CDD-809.2

Índice para catálogo sistemático:
1. Teatro: História e crítica 809.2

Este livro é publicado pelo projeto *Edição de Textos de Docentes e Pós-Graduados da UNESP* – Pró-Reitoria de Pós-Graduação e Pesquisa da UNESP (PROPP)/Fundação Editora da UNESP (FEU)

Editora afiliada:

Asociación de Editoriales Universitárias de América Latina y el Caribe

Associação Brasileira das Editoras Universitárias

Ao meu cachorro,
À minha flor e
Ao meu sabiá.

À memória de Lígia.

Itaqueras, Itains,
Aqui também tem
Parentes dos Parintintins.
De napa, de couro, de seda e de jeans,
Pares e pares de Parintins.

(Chico César, *Parentes*)

SUMÁRIO

Agradecimentos 11

À guisa de prefácio 13

Apresentação 17

Introdução
O homem, o engenheiro e o investidor 21

1 Espaço cênico: uma questão preliminar 29
Relações de representação: uma concepção elementar 29
Aprisionamento do olhar: frontalidade e ilusão 32
Explosão de teatralidade 41
Retorno ao elementar: os contemporâneos de Victor Garcia 45

2 Cemitério de automóveis 51
Teatro e ritual 59
O teatro entre sucatas 67
O destino urbano 83

3 O balcão 95
Um abismo monumental 112
A vitória das aparências 130
A derrocada do pensamento de vanguarda 136

4 Autos sacramentais   141
Retorno ao Brasil   143
O olho de Deus   148
O tormento da máquina   151

Conclusão   161

Referências bibliográficas   167

AGRADECIMENTOS

Agradeço a todos aqueles que direta ou indiretamente colaboraram para que este trabalho se realizasse, em especial à Fundação de Amparo à Pesquisa do Estado de São Paulo (Fapesp), pelo financiamento do projeto; a Alexandre Matte, Iná Camargo Costa, Zebba Dal Farra e Arão Paranaguá, os primeiros a estimularem este percurso; aos atores Seme Lutfi, Sérgio Britto, Nilda Maria e Célia Helena; aos professores Alberto Ikeda, Claudete Ribeiro e Dilma de Melo, pelo apoio e pelas excelentes sugestões; a Márcio Boaro, Altemar Magalhães, Gilson Ferreira e Tatiana Pinheiro de Brito, que colocaram à disposição seus conhecimentos em informática; ao meu orientador, Reynúncio Napoleão de Lima, com quem conquistei uma relação de cumplicidade e confiança; a Sérgio de Souza e Áurea Karpor, que colaboraram na revisão; a Ana Ruth dos Santos Monteiro, filha de Ruth Escobar, que gentilmente abriu os arquivos do teatro para a pesquisa; à minha companheira Wal Volk, pela compreensão e paciência; e aos meus companheiros dos grupos Boca de Cena e Atrás do Grito, cujas aventuras compartilhadas foram cruciais em meu processo de aprendizado.

À GUISA DE PREFÁCIO

"Eu quase que nada não sei.
Mas desconfio de muita coisa."

(Guimarães Rosa, *Grande sertão: veredas*)

Se se indagar a muitos dos cidadãos comuns europeus acerca das experiências teatrais de vanguarda, desenvolvidas tanto em seus países de origem como em outros do continente, é possível que ilustrem suas respostas com exemplos, seguidos de nomes, situações e permanências de algumas dessas experiências e tradições. No Brasil, entretanto, se a mesma questão for apresentada a especialistas, estudantes de artes, educadores artísticos, talvez se provoque um certo desconcertamento. Esse mal-estar – e duas evidências em princípio poderiam ser aqui evocadas – se daria por conta da permanente fragmentação da memória histórico-cultural e pelo pouco material sobre o assunto à disposição.[1]

Desse modo, como decorrência dessa generalizada ignorância histórico-estética, muitos dos especialistas em artes podem afir-

---

[1] Se se tomar a cidade de São Paulo como referência para responder à mesma questão é seguro que em boa parte dos casos, naturalmente entre os especialistas, apareça a Semana de Arte Moderna como uma espécie de marco inicial de tais manifestações. Segundos depois da resposta dada, talvez se lembre o "respondente" de que as atividades teatrais não foram apresentadas na referida Semana. Oswald de Andrade, um dos mais expressivos ícones da vanguarda brasileira, escreveu três de seus textos teatrais mais de uma década depois da Semana de 22. São seus textos: *O rei da vela* (1933), *O homem e o cavalo* (1934 e até onde se sabe ainda não montado comercialmente) e *A morta* (1937).

mar que as experiências artísticas (e não só as de vanguarda) em seu país encontram-se em desvantagem, quando comparadas àquelas localizadas acima do Equador. Como contrapartida dessa "real" inferioridade, assiste-se, também e permanentemente, a uma espécie de histeria mitômana em que raros "gênios da raça" são louvados e reconhecidos como o supra-sumo da "civilidade artística"... O indivíduo é *o* gênio, é *o* precursor, é *o* inovador, é *o* maior... e por aí vai! Não seria esse o caso de Nelson Rodrigues? Bem, não é isso que interessa.

Newton de Souza, de certo modo, apresenta em sua excelente e inédita análise sobre a produção de Victor Garcia no Brasil – *Cemitério de automóveis* (1968), *O balcão* (1969) e *Autos sacramentais* (1974 e não apresentado no Brasil) – a tese segundo a qual os espetáculos dirigidos pelo encenador argentino não poderiam ser inseridos nas chamadas tendências/movimentos de vanguarda pelo fato de eles terem sido produzidos pela mega-empresária Ruth Escobar, que obteve prestígio comercial e lucro com, pelo menos, os dois primeiros. Trata-se, nesse particular, segundo as observações e análises do autor de entender que o trabalho do encenador foi cooptado pela empresária que, muito pelo contrário, não se opunha ao modo de produção capitalista.

Assim, e de modo bastante esquemático e sumário, é bom que se diga que todas as "vanguardas-mãe" do início do século XX: futurismo, dadaísmo, expressionismo e surrealismo tiveram como as mais importantes características comuns: a luta contra o reprodutivismo verista burguês; o choque a partir de um certo comportamento iconoclástico; o trabalho com o grotesco; a inserção de expedientes metalingüísticos nas obras artísticas; a priorização do conceito de arte como forma em processo: donde vieram as *serate* futuristas e as *soirées* dadaístas e surrealistas; o trânsito com o conceito de montagem: através da sobreposição/justaposição formal tanto de diferentes linguagens quanto de procedimentos artísticos (indeterminação), formando caleidoscópios ou mosaicos inusitados...

Enfim, dessa espécie de "tudo ao mesmo tempo agora", em que os espetáculos de Garcia também se inseririam, faltou, e não é demais repetir, o conceito fundamental de aventura experimental e não comercial...

Desmistificando, portanto, de modo bastante acertado e a partir de procedimentos recomendados por Walter Benjamin: conceito de leitura *a contrapelo* – e nunca tomando a obra em si, mas dentro de seus contextos históricos e estéticos – Newton conseguiu desmontar um procedimento utilizado por certos críticos teatrais acadêmicos que, exatamente por não ter analisado bem as obras do encenador (permanência de um certo torcicolo cultural), ajudaram a conferir notoriedade a elas. Justificando as qualidades da obra, alguns desses críticos evocaram como raízes e referências do encenador argentino principalmente as personalidades de Artaud e de Grotóvski. Nessa perspectiva as qualidades do artista justificar-se-iam plenamente na medida em que ele foi considerado como um neófito dos mestres... Tristes nossos trópicos, não!?

Ao criticar os críticos, a cada análise dos espetáculos em pauta, Newton aprofundou suas reflexões tanto para demonstrar que tais comparações eram destituídas de um rigor maior quanto para apresentar considerações acerca de alguns dos espaços teatrais mais importantes da evolução da linguagem teatral, desde a Antigüidade clássica grega ao mundo contemporâneo.

A partir de considerações bastante cuidadosas, Newton cumpre com o prometido na Introdução de sua reflexão, quer seja: estabelecer alguns confrontos entre espaço cênico e vanguarda às experiências de Victor Garcia. Desse modo, nos outros capítulos do livro, o autor passa pelo conceito de vanguarda, pelas encenações de Victor Garcia, pelas análises dos textos de Fernando Arrabal e Jean Genet, por alguns dos mais significativos espaços de encenação (lugar teatral), por algumas das características mais significativas do teatro de Antonin Artaud e de Jerzy Grotóvski.

Trata-se, portanto, de uma reflexão fundamental para entender de modo não apologético a importância das encenações de Victor Garcia na cidade de São Paulo; apreender uma série de contradições que fazem parte de nossa vida cultural, como o fato de uma montagem megalomaníaca como *O balcão* só ter sido possível em um país como o Brasil; encarar o encenador como um parceiro daqueles que fazem teatro e não um mestre que cala a boca dos discípulos...

Enfim, o Newtinho (e posso chamá-lo assim pelo carinho, amizade e respeito que nos une) produziu uma obra com um olhar de artista militante: aquele que pensa teatro, que pratica teatro, que ensina teatro, que discute teatro, ajudando-nos a entender melhor tanto Garcia quanto o conceito de lugar da encenação. Apesar de ser uma obra escrita com os chamados rigores acadêmicos, sua leitura é bastante prazerosa e penso que poderá agradar a gregos e troianos, isto é, a especialistas, a professores de artes e de teatro e, também, aos estudantes de teatro.

Por último, penso que, depois do documentário de Andréa Tonacci – *Jouez encore, payez encore* –, uma obra como esta teria de vir e prestar justiça ao encenador, bastante atacado e ridicularizado por ela.

Viva, viva, Newton!

Alexandre Matte

APRESENTAÇÃO

O principal objetivo de nossa pesquisa foi confrontar os conceitos *espaço cênico* e *vanguarda* às experiências teatrais de Victor Garcia, em São Paulo. Em segundo plano, procuramos tornar conhecidas as soluções desenvolvidas pelo encenador, em especial quanto ao espaço cênico; analisar criticamente essa parcela da produção do encenador; e verificar o que representa a produção de *vanguarda* no contexto brasileiro.

A pesquisa se limitou a verificar a relação entre os espaços cênicos e o caráter de vanguarda atribuído à produção do encenador com base no levantamento de dados a respeito de três montagens por ele realizadas – *Cemitério de automóveis, O balcão* e *Autos sacramentais*. As informações foram obtidas através de pesquisa de campo realizada na região metropolitana de São Paulo – sede do Teatro Ruth Escobar, responsável pela produção dos espetáculos – e complementada na cidade do Rio de Janeiro. As peças estudadas foram produzidas e levadas a público entre 1968 e 1974, nas cidades de São Paulo, Rio de Janeiro, Cascais, Shiraz, Veneza, Lisboa e Londres. Nossa investigação foi orientada buscando elucidar as seguintes questões:

1. Se o termo *vanguarda* é adequado para classificar o fenômeno estudado.

2. Até que ponto os *espaços cênicos* contribuíram para determinar o caráter de *vanguarda* dos espetáculos.

3. Na condição de arte de *vanguarda* o que representou essa experiência para o panorama teatral brasileiro.

Estudar os espetáculos concebidos por Victor Garcia foi uma excelente oportunidade para melhor compreender as possibilidades de encenação abdicando das convenções determinadas pela cena frontal. Despertamos para o tema a partir da montagem, em 1991, de O nome do negro, espetáculo de rua em sete estações, em parceria de Zebba Dal Farra. Resultado de oficinas ministradas na Casa de Cultura Raul Seixas, na periferia de São Paulo, O nome do negro, uma experiência de teatro processional, contou na estréia com elenco de oitenta pessoas e circulou por casas de cultura e logradouros públicos da cidade de São Paulo, entre os meses de maio e julho daquele ano. A mais memorável das apresentações aconteceu no encontro das ruas Barão de Itapetininga, Xavier de Toledo e do Viaduto do Chá, em frente ao Teatro Municipal. Desse momento em diante, as exigências e as necessidades para a atuação em espaços cênicos não convencionais tornaram-se preponderantes em nosso trabalho. Chegamos às encenações de Victor Garcia contando com o apoio daqueles que julgavam oportuna nossa contribuição para o desenvolvimento da pesquisa em Artes Cênicas, tendo o espaço cênico como ponto de partida.

O nome do negro, 1991. Apresentação em frente ao Teatro Municipal de São Paulo. Reprodução de foto (acervo do autor.)

A pesquisa demonstrou que Victor Garcia afirmava conceber seus espetáculos partindo da arquitetura, fazendo do *espaço cênico* o principal alicerce de sua criação teatral. Suas propostas de encenação não se limitaram a uma nova decoração da área de representação, mas modificaram a relação de espaço, fundindo as áreas de público com as áreas ocupadas pelos atores. Para tanto, em duas oportunidades, abandonou a frontalidade – disposição que, por sinal, caracteriza a maior parte das práticas teatrais, até hoje. Além disso, a grandiosidade e a complexidade mecânicas empregadas em uma de suas criações paulistanas – *O balcão* – mereceram o reconhecimento de Denis Bablet (1975), sendo a única produção brasileira a figurar entre as denominadas *Revoluções cênicas do século XX*. Apesar dessas particularidades, a produção de Victor Garcia não havia sido objeto de nenhum estudo acadêmico sistematizado. Tendo em vista que sua produção foi reconhecida pela crítica especializada como *teatro de vanguarda*, o estudo das montagens permitiu estabelecer relações entre *espaço cênico* e *vanguarda*, temas que estiveram em pauta no tumultuado período em que os espetáculos foram realizados, bastando citar o ano de 1968 como referência. Longe de esgotar as possibilidades de reflexão sobre o tema, este trabalho aglutinou documentos e opiniões dispersas que poderão ser úteis para aprofundamentos futuros.

A fundamentação teórica foi desenvolvida mediante o levantamento bibliográfico a respeito dos termos *espaço cênico* e *vanguarda*. Em ambos os casos, passamos do sentido mais genérico para o mais específico. Tomando como referência a chamada *evolução do espaço cênico ocidental*, cuja perspectiva é panorâmica, chegamos às *Revoluções cênicas do século XX*, designação que compreende as transformações teatrais ocorridas a partir do naturalismo, movimento estético que marca a transição para as *Vanguardas Artísticas*. A produção teatral, desde a primeira década desse século até os anos 70, tem dado atenção à importância ou à necessidade de alterar os espaços destinados à encenação.

Paralelamente ocupamo-nos da apuração de dados a respeito das montagens; primeiramente recolhendo críticas e artigos publicados pela imprensa da época em que os espetáculos foram realizados e, em seguida, obtendo o máximo de registros iconográficos.

Essa documentação foi analisada e confrontada com os textos teatrais, procurando recuperar as seqüências e compreender a ocupação do espaço cênico. A etapa seguinte compreendeu as entrevistas com parte dos atores que participaram dos espetáculos. Tais informações permitiram a descrição do objeto – ocupação dos espaços cênicos –, de modo que o passo seguinte foi aprofundar as críticas formuladas à arte de vanguarda, verificando em que medida ela poderia ser adequada para a análise dos espetáculos em questão.

O trabalho se organiza em quatro capítulos. O primeiro deles trata das transformações ocorridas no espaço cênico. Os demais seguem a mesma estrutura: primeiramente, descrevemos e analisamos as montagens, confrontando opiniões expressas pela crítica, informações jornalísticas, registros iconográficos e depoimentos de alguns atores; em seguida, tratamos da arte de vanguarda.

INTRODUÇÃO
O HOMEM, O ENGENHEIRO E O INVESTIDOR

> As vanguardas se converteram, a partir da Segunda Guerra Mundial, num ritual tedioso e perfeitamente conservador, não só do ponto de vista do gosto dominante, mas inclusive das mais grosseiras estratégias comerciais.
>
> (Eduardo Subirats, *Da vanguarda ao pós-moderno*)

1968. Voltando os olhos para trás e revolvendo o passado, tem-se maior clareza sobre o significado daquele ano. 1968 é marco na história recente; ponto de culminância de conflitos gerados a partir de uma palavra de ordem: liberdade. A juventude clamava por liberdade para participar ativamente da vida pública; clamava, também, por liberdade para seus próprios corpos, reprimidos pela moral castradora; as nações centro e sul-americanas, africanas e asiáticas lutavam por liberdade contra o imperialismo capitalista, enquanto, contraditoriamente, os povos do Leste Europeu queriam se ver livres do totalitarismo soviético. Surgiam os movimentos pacifistas, a difusão do uso das drogas, o amor livre, o apelo à volta à natureza e a atração pelo orientalismo. Os poderes estabelecidos, os defensores do conservadorismo moral, as classes dominantes nacionais e os países hegemônicos respondiam aos anseios de liberdade com o recrudescimento das instituições, equipando os Estados para a repressão, para a censura e para a violência. O planeta vivia a guerra fria, o mundo estava dividido entre duas ditaduras. No Brasil, em particular, 1968 foi igualmente um ano fatídico. O golpe militar, deflagrado em 1964, sob o pretexto de defender o país da "ameaça do comunismo" e da "degradação dos valores morais", apoiava o modelo de expansionismo capitalista, a moral cristã e, no plano da organização política, proibia as atividades dos partidos, dos sindicatos e das entidades estudantis. Mesmo sob pressão, um círculo destacado de produtores intelectuais, organizados desde o final da década de 1950, sob influência do Iseb (Ortiz, 1986, p.45-67), ansiava por defender a identidade nacional. No plano geral da política e da economia, tal mentalidade correspondia a assimilar criticamente as inovações técnicas e tecnológicas, buscando minimizar as disparidades e as imposições típicas das relações entre um país subdesenvolvido – rural e fornecedor de matéria-prima – e os países desenvolvidos – industriais e exportadores de bens de capital e de consumo. A política antiimperialista, impedida de se desenvolver através dos meios que lhe são próprios, se irmanava à busca pelas raízes brasileiras na cultura e nas artes, deslocando a parcela mais engajada da sociedade para junto das forças posicionadas à esquerda do espectro político.[1] Com a ascensão dos militares ao poder, o campo de atuação da oposição foi se compactando. Como reação, uma ramificação dessas forças de resistência, dotada de um sentido mais anárquico – e até certo ponto inconseqüente – julgou-se imune às influências externas, ou melhor, acreditou poder fazer uso do que lhe aprouvesse, devorando, debochando dos poderes e regurgitando a cultura. Era o tropicalismo, reedição da antropofagia modernista de Oswald de Andrade, sob coloração exuberante, agressiva e escandalosa. Em dezembro de 1968, o governo militar faria uso do Ato Institucional nº 5 para conter toda e qualquer manifestação contrária aos seus interesses. O Brasil mergulhava num período nefasto. Dotados de poderes plenos, em nome do presidente da República, os agentes da repressão desconsideravam toda e qualquer liberdade individual promovendo prisões arbitrárias, exílios e torturas; o nacionalismo dava lugar à pieguice ufanista estampada no *slogan* "Brasil: ame-o ou deixe-o"; a luta armada crescia e a

---

[1] CPC, Arena, Opinião e Oficina, na primeira fase.

repressão transformava os anos 70 em páginas das mais sangrentas de nossa história.

Em contrapartida, a união entre militares e capitalismo foi uma empreitada eficiente. Na população urbana e nas elites rurais, o desejo pelo consumo e a crença no progresso afloraram; os meios de comunicação de massa, sobretudo a TV, ao mesmo tempo que ofereciam a ilusão dos "paraísos da classe média" acessíveis a todos, exerciam, sob controle do Estado, o papel de arautos do "progresso nacional", baseado no impulso à indústria e na defesa explícita do capitalismo. As grandes cidades serviam de espelhos para todo o Brasil; a paisagem urbana, moldada pelos princípios da racionalidade e da produtividade, exigiam a nomeação do engenheiro como administrador público. Obras, aço, concreto, pontes, viadutos, máquinas. O Brasil se tornaria moderno, rápido e eficiente. Se tornaria *vanguarda*. Porém, o espelho não refletia o panorama em sua totalidade. As metrópoles não eram o Brasil. Fora do enquadramento, as contradições próprias ao capitalismo subdesenvolvido ganhavam terreno fértil para se proliferar. As ilhotas de progresso com seus automóveis de luxo, eletrodomésticos, centros comerciais e bolsas de valores eram rodeadas por um oceano de miséria, atraso e analfabetismo. Os arautos anunciavam a resposta do Poder ao fenômeno: é preciso aguardar o bolo crescer, antes de dividi-lo. O contraste gerava, também, a "fossa"; a tendência a um certo "niilismo" ou, sobretudo em relação a uma parcela dos produtores artísticos, à fuga em busca de um paraíso humilde, à procura por uma força vital entre gente carente nos recônditos do país; à peregrinações semelhantes às dos boêmios europeus. Destituído de crítica, o "progresso" serviu para que o Brasil continuasse com os problemas típicos de sua posição pré-industrial e desenvolvesse aqueles que eram característicos das nações industriais: poluição, engarrafamentos, violência urbana, superpopulação. Estimulava-se o preconceito do brasileiro contra si próprio, contra sua própria cultura em favor da cultura européia e americana. Contraditoriamente, os europeus e americanos entravam em um processo de cisão com suas identidades percebendo como o desenvolvimento urbano e industrial destruíra sua unidade com a natureza e com a coletividade, exigindo o retorno ao mais elementar da condição humana, aos valores atávicos abandonados em favor da chamada "vida moderna" e voltando sua atenção para os países subdesenvolvidos. Em meio a essas contradições viveu um pequeno homem, carregando conflitos característicos de sua geração. Irrequieto e misterioso, influenciado pelo trabalho experimental que animava a Europa, em 1968, Victor Garcia chega ao Brasil.

* * *

Victor Garcia (1934-1982) nasceu em Tucumán, na Argentina. Sua família detinha vasta extensão de terras isoladas a vários quilômetros da província. Victor cresceu ao lado da mãe, das nove tias e das quatro irmãs sob a vigilância do pai, único homem, além dele, na família. Os parentes católicos, conservadores e vinculados às tradições da terra, queriam vê-lo formado engenheiro agrônomo. Ao ingressar no colégio, em Tucumán, começou a freqüentar, sem que a família soubesse, aulas de escultura e pintura. Ao final dos estudos médios, atendeu parcialmente ao interesse dos pais, ingressando no curso de medicina. Sua disposição, contudo, estava reservada para as aulas de arte dramática e dança contemporânea, também freqüentadas às escondidas. Após quatro anos, abandonou a universidade e desvinculou-se da família, assumindo uma atitude de andarilho. O ambiente repressivo e conservador da família católica terá reflexos claros e contraditórios no trabalho do futuro encenador. Victor Garcia, por vezes, indica fazer distinção entre a instituição Igreja e os fundamentos do cristianismo. Com relação à instituição, produz ataques acintosos contra a Igreja católica, sempre representada de forma monolítica e associada a outros valores ou instituições repressivas e repressoras. Com respeito ao cristianismo, em dados momentos, deixa transparir, sob a forma de profundo lirismo, a concordância com a dimensão redencionista do dogma religioso.

Afastado da família, e com o objetivo de chegar à Europa, mais especificamente a Paris, Garcia fez uma escala no Brasil, onde ficou por sete meses, período durante o qual montou uma pequena fábrica de jeans e de couro. A iniciativa serviu-lhe apenas para levantar fundos e embarcar num navio rumo à Europa. Ao chegar à França, apresentou projeto de pesquisa aceito pela Universidade

Internacional de Teatro, o que permitiu seu convívio com estudantes de trinta países diferentes. Ao lado de Jean-Marie Seraud, montou o espetáculo inaugural do Teatro do Museu do Louvre, com seis horas de duração envolvendo televisão, cinema, música e dança. Conquistou o primeiro lugar no Concurso de Jovens Companhias com o projeto de encenação para *Ubu-Rei*, de Alfred Jarry, e passou a circular pela Europa, montando peças em Milão, Bruxelas e Belgrado,[2] sempre atuando no teatro experimental.[3]

O trabalho de Garcia, em Paris, foi descrito por Odette Aslan (1970, p.309-40) como desprovido de um sistema ou método. Premido pela falta absoluta de dinheiro e de tempo para os ensaios, ele se dava melhor trabalhando com atores jovens e inexperientes. A pobreza material o obrigava a produzir espetáculos de grande efemeridade, o que, aliás, não o desagradava; umas poucas apresentações lhe bastavam e, tampouco, ele preparava os atores através da exaustão dos ensaios repetitivos. Sua intenção era excitar o ator, para que este "saltasse à arena", partindo logo para realizar outra "das vinte idéias que lhe vinham à cabeça simultaneamente" (ibidem, p.315). Outra característica do trabalho de Victor Garcia, em Paris, foi o desprezo pela palavra, ou pelo texto, visto seu desconhecimento quase absoluto da língua francesa e a formação multicultural de seus elencos.

Nessas condições, Garcia montou *Cemitério de automóveis*, em junho de 1966, para ser apresentado no Festival de Dijon. Remontado, em 1968, no Théâtre des Arts, em Paris, a peça foi vista por Ruth Escobar que, "encantada" com suas possibilidades, convidou-o a remontá-la no Brasil. A relação entre o encenador e a empresária durou até o final do ano de 1974; segundo as palavras da própria Ruth, seis anos de "amor e ódio".

Após *Cemitério de automóveis*, Victor Garcia montou *O balcão*, em 1969, e *Autos sacramentais,* em 1974. Vários foram os fatores que destacaram essas produções, mas não se pode negar

---

2   Entre tantas fontes esclarecedoras, cf. Saochella (1972, p.49-60).
3   Referimo-nos a teatro experimental como aquele produzido nos vários centros de pesquisas, fora, portanto, das exigências e necessidades do teatro comercial.

que os espaços cênicos foram diretamente responsáveis para a garantia da notoriedade das encenações. O ambiente no qual deveria se desenvolver a ação teatral era de suma importância no trabalho do encenador argentino, como ele próprio declarou:

> Não dá para eu trabalhar com os atores ao mesmo tempo que imagino a encenação; me é pernicioso. Primeiro elaboro o lugar onde vai-se dar este acontecimento, esta peça de teatro. Me interessa ver a reação do ator no ambiente já pronto; como peixes: você precisa ter o aquário, a água limpa, a cor e temperaturas certas... (Saochella, 1972, p.51)

O espaço cênico foi explorado por Victor Garcia através do rompimento com a frontalidade; da fusão entre as áreas de representação e de público; e da complexidade mecânica dos elementos cenográficos. *Cemitério de automóveis* e *O balcão* foram recebidos, num sentido geral, com muito entusiasmo pela crítica especializada, que exaltou os valores plástico-visuais proficuamente desenvolvidos pelo encenador. Em contrapartida, a grande maioria das opiniões atestavam que o volume de "achados" no plano da visualidade e da espacialidade tornava difícil ou, em alguns casos, impossível a compreensão dos textos. Nesses termos, os especialistas argumentaram a favor de as montagens tratarem-se de propostas cênicas cujo objetivo era atingir muito mais os sentidos que a razão do espectador, fazendo do teatro um "ritual". Na condição de arte de vanguarda e com proposições alicerçadas, aparentemente, nas teorias e experiências de Artaud ou Grotóvski, a incompreensão do texto foi tratada como um problema de menor importância diante da "revolução cênica" que se desencadeava. *Autos sacramentais*, no entanto, ficou pouco conhecido, devido ao fato de nunca ter sido apresentado no Brasil, uma vez que foi criado com o propósito de participar de eventos internacionais.

As opiniões que localizamos em periódicos atendem à forma mais tradicional de análise: a comparação entre os elementos formais de uma realização artística com os de outra que a antecedeu. As críticas formuladas a partir desse método se processam por meio da fragmentação do objeto e da confrontação entre as partes, de modo a vincular um autor ou movimento artístico a outro, com base na média entre as semelhanças. Apesar de reconhecermos o valor de tal procedimento, resistimos a simplesmente estabelecer uma comparação entre as soluções formais e suas possíveis inspirações. Nossa tendência é a de buscar respostas num plano coletivo, na medida em que acreditamos que "os homens fazem sua própria história, mas não a fazem de modo arbitrário, em circunstâncias por eles escolhidas, e sim nas circunstâncias em que se encontram, determinadas pelos fatos e pela tradição" (Karl Marx apud Gullar, 1978, p.35). Mesmo correndo o risco de faltar-nos fundamentação suficiente para percorrer trilhas fora da dimensão estética, tornou-se impossível proceder de outra maneira. Adotamos a perspectiva mais geral, procurando entender a obra de arte no contexto em que foi produzida.

Nesse sentido, foi possível observar que as criações de Victor Garcia, recebidas com exaltação como obras de *vanguarda*, careceram de um crítica mais analítica e que aproveitasse a profundidade das questões abordadas pelas montagens para além da mera fruição. Os espaços cênicos tiveram grande importância para despertar as curiosidades, mas pouco ou nada para atingir as consciências. Ao exaltar o caráter de vanguarda das encenações, parcela da crítica especializada descartou o sentido contraditório que gira em torno desse termo. Observadas por um prisma mais abrangente que ultrapassasse as questões estritamente formais, tornaram-se visíveis contradições semelhantes e válidas tanto para o conjunto da obra de Victor Garcia, em São Paulo, como para o destino das proposições das Vanguardas. A perspectiva transformadora carregou de teatralidade a atuação dos artistas dos movimentos europeus que acreditavam ensaiarem seu próprio futuro. No entanto, o projeto emancipador *humanista*, sonhado pelos precursores das Vanguardas do Século XX, tornou a vida, como parte da trajetória cíclica da natureza, submissa às regras da racionalidade e da produtividade orientadas pelos *engenhos* da indústria, por sua vez alimentados pelos interesses *investidos* pelo capital, em sua sede de lucros. Tanto no trabalho de Victor Garcia, em São Paulo, quanto na História dos movimentos de Vanguarda, o Homem deu lugar ao Engenheiro e ambos foram postos a serviço do Investidor. Em síntese, Vanguarda corresponde a um projeto que, contraditoriamente, alimentou as instituições que pretendia combater: isso se aplica tanto para o destino do espaço cênico no teatro de Victor Garcia quanto para os movimentos estéticos inspirados no modernismo. A *roda*, da vida e da arte, foi submetida à *engrenagem* de um sistema no qual a *moeda* passou a reger a organização política e econômica.

I ESPAÇO CÊNICO:
UMA QUESTÃO PRELIMINAR

RELAÇÕES DE REPRESENTAÇÃO:
UMA CONCEPÇÃO ELEMENTAR

Para atendermos aos propósitos de nossa pesquisa, é necessário fundamentar o conceito de *espaço cênico*. Os estudos sobre a Arte Teatral, em geral e por razões óbvias, dão maior atenção à dramaturgia que à encenação e ao espaço cênico. Isso não significa dizer que não exista um número significativo de estudos tratando especificamente do assunto. Parto, contudo, de um pequeno artigo escrito por Clóvis Garcia (1996, p.14-20) intitulado "A evolução do espaço cênico ocidental", que traz uma conceituação pouco difundida: as *relações de representação*. O texto apresenta como fatores essenciais ao fenômeno teatral as presenças de ator, espectador, espaço e texto. Desenvolvendo essa afirmativa, é possível dizer que o teatro é um fenômeno de comunicação cujo princípio ativo é o trabalho do ator. Um único ator, contando apenas com suas qualidades expressivas, é capaz de criar o acontecimento teatral, desde que haja ao menos um espectador que acompanhe sua *performance*. Evidentemente, o ator, ou atores, e o público precisam se encontrar em algum lugar, de modo que qualquer ambiente torna-se *espaço cênico* ou *teatral*, na medida em que nele se encontrem atores cuja representação possa ser *assistida* pelos espectadores; logo, uma praça deixará de ser exclusivamente uma praça durante o tempo em que nela estiverem atuando, por exemplo, uma trupe de atores; no exato momento em que a apresentação terminar, o lugar voltará à sua condição original. O mesmo princípio é aplicável a um bar, a um saguão de uma estação de trem, a um hospital etc. O *espaço cênico*, portanto, não é determinado pela arquitetura; ao contrário, "o espaço do espetáculo é imaginário e produto de uma cumplicidade com o espectador e o da arquitetura é físico e mantém com seu público uma relação programática" (Caron, 1994).

Garcia nos faz entender que todo espaço cênico resultará da soma de pelo menos duas áreas: *área de público* e *área de representação*. A(s) área(as) ocupada(s) pelos espectadores em relação à(s) área(s)[1] em que se encontram os atores, e vice-versa, determinam as *relações de representação*. Reiterando a prescindibilidade da arquitetura, Garcia utiliza as relações de representação para classificar as *cenas* em lugar de denominar o *palco*. A perspectiva corriqueira é outra; basta lembrar que, nos países de língua inglesa, os espaços cênicos são determinados pelo vocábulo *stage* (*open-stage, central stage*), além da inegável identificação entre o *palco italiano* e o próprio fenômeno teatral. Por meio dessa perspectiva, muitas das alterações arquitetônicas processadas no espaço cênico não resultaram em modificações nas relações de representação. É o caso da cena elisabetana, historicamente situada no Renascimento, uma edificação com várias áreas de público e elaborada área de representação, cuja *relação* é a mesma do teatro grego clássico, ou seja *semi-arena*. O mesmo ocorre com o teatro medieval, que criou as cenas simultâneas, mas não introduziu nenhuma relação de representação nova. Assim, as *relações de representação* possíveis são a *arena*, a *semi-arena*, utilizada no teatro grego, no romano e no elisabetano; e a *cena frontal*, desenvolvida a partir do *palco italiano* (mais adiante apresentaremos um pequeno reparo a essa classificação). As inovações do século XX permitiram surgir mais três alternativas: a *cena panorâmica*, contrário da *arena*; *sem limites*, onde não há separação entre público e atores; e *vertical* – da qual O *balcão* é considerada um exemplo. Em momento oportuno, retornaremos a elas; por ora, interessa-nos observar que, para Garcia, a mais antiga forma de relação entre ator e espectador é a arena, ou seja, circular.

---

1 O uso do termo no plural é proposital. Há casos em que tanto o público como os atores podem estar divididos em várias áreas em vez de concentrados numa única região do espaço.

Detendo-se um pouco sobre a relação de representação circular é possível estabelecer paralelo com um termo mais comum à nossa cultura, a *roda*. A roda não se resume apenas a um desenho, mas refere-se a um fenômeno espontâneo que ultrapassa os limites de uma cultura em particular. A roda compreende uma disposição favorável para a conversa e para a narração, mas também está presente nas celebrações e rituais mágicos e/ou festivos. As informações disponíveis nos ensinam que o teatro grego evoluiu de uma celebração religiosa realizada em círculo. Os jogos e as danças dramáticas que ainda sobrevivem em nossa cultura massacrada pela pasteurização – por exemplo a capoeira, o tambor de crioula e a ciranda – também obedecem a essa disposição. O termo *relação de representação* sugere, antes de tudo, o meio de contato entre dois grupos, o atuante e o assistente. Nessa perspectiva, quando se atua na roda não há omissões do olhar do assistente, que utiliza a plenitude dos 180 graus que compreendem o raio da visão humana. Logo, em sua forma circular, a representação não omite nada do olhar do espectador, não há recortes no espaço. Por sua vez, o ator, posto em roda, estará permanentemente dentro da área de percepção visual do espectador, de modo que a presença/ausência da personagem por ele interpretada depende de recursos desenvolvidos pelo próprio ator. Em roda, o teatro é, por excelência, produto da cumplicidade entre espectador e ator. Colocado nessa relação de representação, o ator deve contar com suas habilidades expressivas para estimular o espectador a visualizar, com sua imaginação, o lugar, o clima, as circunstâncias e até mesmo objetos e outras personagens. Em síntese, se as relações de representação oferecem um caráter elementar ao que se entende por espaço cênico, a roda é a mais elementar das relações de representação.

Não será forçado dizer que, num certo sentido, esse caráter elementar do teatro corresponde à busca empreendida por Antonin Artaud e encontrada em 1936, no México, quando ele participou do rito do peiote, entre os índios tarahumara:

> No círculo dessa dança existe uma história do mundo, encerrada entre dois sóis, o que desce e o que sobe. E é na descida do sol que os feiticeiros entram no círculo e o dançarino dos seiscentos

sininhos (trezentos de chifre e trezentos de prata) solta seu grito de coiote na floresta.

O dançarino entra e sai e, no entanto, não deixa o círculo. Ele avança deliberadamente para o mal, mergulha nele com uma espécie de horrenda coragem, num ritmo que parece representar a Doença, mais que dança. E tem-se a impressão de vê-lo subitamente emergir e desaparecer, num movimento que evoca não sei que obscuras tantalizações. (Artaud, 1986, p.105-6).

O espaço cênico de uma simples roda adquiria significados que o autor do *teatro da crueldade*, ao longo de sua vida, jamais encontraria nem no mais sofisticado palco da Europa. Acreditamos que Artaud, e alguns homens de teatro que direta ou indiretamente seguiram seus passos, dirigiram boa parte de sua dedicação ao teatro à procura de desvendar os segredos da roda.

APRISIONAMENTO DO OLHAR: FRONTALIDADE E ILUSÃO

É improvável que encontremos quem conteste que a roda corresponda à noção elementar de espaço cênico. Na mesma medida, é raro encontrar quem a coloque em prática; ao contrário, o *palco frontal*, como sabemos, conquistou identidade com o próprio fenômeno cênico por tratar-se de um *lugar teatral* especialmente dotado de recursos que permitem que o "diálogo" com o público se dê, não apenas por meio do trabalho do ator, mas também por meio dos cenários, da luz, da música etc. Não é difícil encontrar, mesmo nos dias atuais, quem julgue esse espaço cênico imprescindível para a realização do teatro. Portanto, se o fenômeno teatral depende basicamente do ator, como se explica que o sinônimo dessa arte seja um espaço cênico específico e não o intérprete? Para responder a tal pergunta será necessário observar o processo pelo qual o *espaço cênico* evoluiu até chegar ao *palco frontal*, ou melhor, como evoluiu a *arquitetura teatral* no Ocidente.

O teatro grego se originou em um ritual que ocorria em círculo, ou em *roda*, de modo, portanto, que a visibilidade não sofria recortes ou obstruções. A *skené*, na tangente da primitiva arena grega, foi o primeiro elemento estrutural introduzido no espaço cênico, seguindo-se, ao longo da história, por número crescente de recursos destinados à delimitação da área de representação. A *skené*, que significa "barraca" e deu origem às palavras "cena" e "cenografia", tinha a função original de possibilitar ao ator a troca de máscaras e de indumentária fora do alcance de visão do público. Como conseqüência, mesmo que a *área de representação* continuasse sendo o círculo, a *área de público* se reduziu à semicircunferência. Posteriormente, na frente da barraca se introduziu a *proskênion*, tablado de madeira, que deu origem à palavra "proscênio", utilizado como área de atuação destinada ao protagonista e seus interlocutores. A área circular ficou destinada ao coro, passando a ser denominada *orkhêstra*. O espaço cênico do teatro grego clássico obedecia a essa concepção, fixo em pedra e dotado de arquibancadas ao redor da orquestra, que constituíam a área de público, denominada *theatron*. Nesses termos, o lugar teatral passava a preexistir em relação ao fenômeno cênico. Esse espaço cênico permitia que os atores e os demais recursos teatrais, quando necessário, fossem ocultados dos espectadores, atrás da *skené*, cuja função principal passa a ser a de anteparo e que, por vezes, era decorada. A circularidade da área de público impedia que os pontos de vista fossem idênticos, porém a parcela do público que estivesse sentada no lado oposto ao da *skené*, ou seja, na frontalidade, não era privilegiada em relação aos demais, pois a visibilidade da área de representação não era comprometida.[2] Como é possível notar, o desenvolvimento do espetáculo na orquestra, em conjunto com o proscênio, exigia uma composição volumétrica no espaço cênico, envolvido pela área de público.

Os primeiros passos em direção à frontalidade são dados com o teatro romano, que assimilou alguns aspectos do modelo grego. Esse espaço cênico se caracteriza por ser um edifício totalmente cercado onde a orquestra, reduzida a um semicírculo, deixou de ser área de representação e se transformou em platéia, área de

---

[2] Não quero dizer com isso que não houvesse lugares privilegiados ou reservados às autoridades. No teatro de Dionísio, por exemplo, ainda hoje se encontra o trono destinado ao sacerdote do deus (cf. Lesky, 1990, p.63-4). Refiro-me apenas ao não-comprometimento da visibilidade.

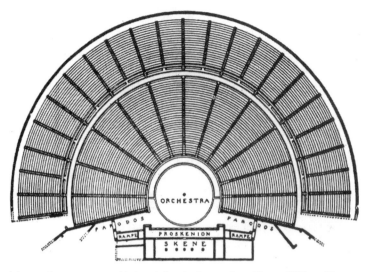

A forma de teatro grego clássico obdece à planta acima. (Ratto, 1999, p.49).

público destinada aos nobres. Ao seu redor, foram construídas arquibancadas em arco destinadas ao público em geral. A área de representação se limitou ao proscênio e, ao fundo, em lugar da *skené*, ergueu-se uma grande construção ricamente decorada com colunas e estátuas e portanto fixa, cuja largura corresponde ao diâmetro das arquibancadas. Notemos que, com essa conformação, a visibilidade de quem se sentava na platéia era melhor que a daqueles que se encontravam nas laterais da arquibancada. O ator surgia aos olhos do espectador vindo do interior da grandiosa construção através de várias portas instaladas no centro da cena e nas laterais. Com tais características espaciais, no teatro romano, dada a distância da área de público, a área de representação era maior do que o campo visual do espectador, o que exigia que o ator atraísse a atenção dos assistentes, em meio a toda a grandiosidade da cena. A composição cênica resultava mais plana do que na semi-arena, uma vez que a área de representação não mais avançava por entre a área de público; ao contrário, passava a existir uma linha divisória entre as duas áreas, o que permitiu aos romanos adotarem o *aelum*, cortina ou pano de boca. Logo, a ocultação se tornou maior do que entre os gregos. O desenrolar da cortina é que determinava o início da ação teatral. Os primeiros teatros renascentistas italianos obedeceram a esse modelo, como é o caso do Teatro Olímpico, em Vicenza, datado de 1585.

O *palco italiano* atingiu seu pleno desenvolvimento por volta de 1778, quando o arquiteto Giuseppe Piermarini projetou o grandioso Teatro Alla Scalla, de Milão. O palco italiano, obedecendo aos princípios da perspectiva linear, reelaborados a partir do Renascimento, estreita as relações entre o teatro e a pintura. Nesse sentido, o palco, que é também chamado de *caixa ótica,* funciona como um campo pictórico no qual o cenógrafo compõe e enquadra. É retirado todo e qualquer elemento figurativo fixo da área de representação para que a decoração possa ser elaborada de acordo com as exigências de cada enredo. O principal recurso cenográfico é o telão academicamente pintado, instalado ao fundo da cena,

Teatro Olímpico, 1585, Vicenza (Itália) (Ratto, 1999, p.106).

propondo o lugar da ação e recorrendo à perspectiva para provocar uma sensação de maior profundidade. Para tanto, a divisão entre as áreas de público e de representação ficaram ainda mais delimitadas: com a orquestra instalada abaixo do nível da platéia, passando a ser a área reservada aos músicos; com a elevação do palco e com a cortina, cobrindo a abertura da área interna do palco. A área de representação – que inclui o proscênio, avançado alguns metros além da cortina – possui proporções muito maiores do que é possível ao espectador, sentado na área de público, perceber. Ao redor da abertura frontal, a boca de cena, a área de representação possui dimensões similares em todos os quatro lados para facilitar o deslocamento dos cenários que sobem para o urdimento (área superior), descem para o fosso (inferior) ou se deslocam para trás dos bastidores laterais. Em síntese, o palco italiano "recorta" o campo visual do espectador, omitindo tudo aquilo que se pretende ocultar do público e selecionando aquilo que deve ser apresentado. Todos os elementos estruturais da área de representação, assim como os próprios atores, enquanto não estiverem atuando, desaparecem atrás dos bastidores.

O pleno desenvolvimento da cena frontal, no entanto, só veio a ocorrer na segunda metade do século XIX. Isso porque, no teatro de palco à italiana, a sala tem a forma de ferradura, em cujas paredes estão incrustados os balcões e camarotes divididos em

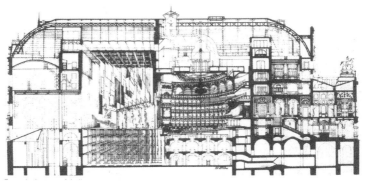

Corte de um autêntico palco italiano. (VVAA, 1980, p.198).

andares ou ordens e galerias; no centro da sala, ficam as poltronas que compõem a platéia. O público pagante ocupa os lugares de acordo com sua capacidade de arcar com ingressos, tanto mais caros quanto melhor for a visibilidade do palco. Com a construção do Festpielhaus, em Bayreuth, no ano de 1876, para atender as propostas de Richard Wagner (1813-1883), o arquiteto Oskar Brückwald concebe uma sala de espetáculo que mantém as características da área de representação do palco italiano, mas rebaixa o fosso da orquestra, retirando os músicos do campo visual do espectador; suprime da área de público as frisas e camarotes e coloca todos os espectadores na área da platéia em degraus semicirculares e com as faces laterais obedecendo a um ângulo de 30 graus para que as linhas de perspectiva coincidam com o encontro focal no centro do palco; além disso, graças à iluminação a gás, torna-se possível apagarem-se as luzes da platéia após o início do espetáculo, impedindo que a atenção se voltasse para outro ponto que não fosse a área de atuação. Com Wagner, o teatro aprisiona o nosso olhar. O ponto de vista é único. Chegamos ao limite da *evolução do espaço cênico frontal*; a cena absoluta e perfeitamente enquadrada atende às exigências de Wagner, para quem o teatro deve ser um "ritual metafísico", no qual todos os elementos se prestam ao encantamento do público. A perfeição dos telões pintados ao fundo do palco sugere que a área de representação se multiplica ao infinito. Logo, a capacidade de ilusão de ótica desenvolvida pela perspectiva linear, aliada ao movimento, à sonoridade e à representação ao vivo, reúne os atributos que permitiram a Wagner referir-se ao teatro como a "obra de arte total". Sentado comodamente nas poltronas, o público poderia usufruir a mais realista das situações ou a mais fantástica das imagens que brotassem da imaginação dos encenadores. Adotando tal pressuposto, mais do que o palco italiano, o palco frontal conquistou a hegemonia como lugar teatral. É, portanto, essa *relação frontal de representação*, dotada de anteparos em todas as suas dimensões, que, até hoje, continua merecendo a condição de sinônimo do próprio Teatro. A cena enquadrada oferece possibilidades de composição semelhantes às da pintura, com a vantagem de ser um quadro cinético.

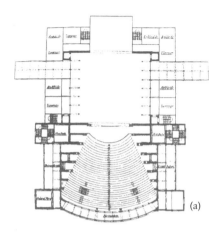

Planta baixa e vista interna. Festpielhaus de Bayreuth, 1876 (Mancini, 1996, p.48).

No início do século XX, dois movimentos renovaram a cena adotando os pressupostos da frontalidade: o naturalismo e o simbolismo. No que se refere ao espaço cênico, nenhum deles propõe uma ruptura com a frontalidade; ao contrário, suas orientações exigem o aprofundamento da relação frontal de representação. No caso da cena naturalista, a intenção não é buscar a simulação de um ambiente, mas a sua recriação no palco, o que resulta fundamentalmente no rompimento com o telão pintado. Por conseguinte, a área de atuação passa a ser composta arquitetonicamente e com objetos reais, fazendo que a boca de cena assuma a função de uma "quarta parede", que o olho privilegiado do espectador consegue transpor. A frontalidade obtida com o Festpielhaus, nesse sentido, é paradigmática para André Antoine (1858-1943), encenador do Théâtre-Libre: "e a posição fixa do espectador, no seu face a face com o espetáculo, reproduz aproximadamente a atitude de quem contempla uma pintura..." (Roubine, 1982, p.74). Conseqüentemente, a relação entre o ator e o público deve obedecer à divisão absoluta entre as duas áreas, não apenas através da evidente separação espacial, mas também evitando que o ator se dirija ao público, afinal a situação vivenciada no palco deve corresponder o máximo possível a fatos naturais e menos à representação desses fatos.

O simbolismo, cujos expoentes são Adolphe Appia (1862-1928) e Edward Gordon Craig (1872-1966), não pretende a reprodução da realidade no palco; conseqüentemente, o tratamento

L'assommoir d'après É. Zola. Enc. L. Guitry, 1900 (Bablet, 1975, p.19).

visual dado à área de representação, em vez de fazer uso de objetos reais, coloca sobre o palco praticáveis cujas formas geométricas oferecem sentido abstrato à composição, auxiliados pelos recursos da luz elétrica, já em estágio avançado de desenvolvimento, valorizando os volumes e a densidade dos elementos, combinados com os dos corpos dos próprios intérpretes. Retirando as referências espacio-temporais, o ambiente passa a ser o do sonho, da alegoria e da irrealidade. Mas a composição dessas imagens continua exigindo a moldura e a frontalidade para produzir seus melhores efeitos sobre o espectador. O naturalismo e o simbolismo, portanto, antecedem aquilo que Roubine (1982, p.73-104) chama de a *explosão do espaço cênico*. Iniciam-se as propostas que levarão o teatro a abandonar a frontalidade em favor de outras relações de representação. Essa tarefa ficou a cargo, justamente, do Teatro das Vanguardas Artísticas.

Orpheu et Eurydice. C. W. Gluck. Enc. A. Appia, 1912-1913 (Bablet, 1975, p.48).

EXPLOSÃO DE TEATRALIDADE

O rompimento com a frontalidade no teatro guarda semelhança com a exigência da deformação no campo das demais artes visuais, ambos frutos do papel paradigmático exercido pelo desenvolvimento tecnológico. Por outro aspecto, todos os meios de representação – da pintura ao teatro – chegaram a um estágio derradeiro, como nos explica Hauser:

> É certo que sempre existira uma oscilação entre o formalismo e antiformalismo, mas nunca, desde a Idade Média, fora em princípio posto em dúvida ser função da arte a reprodução exata da vida, fiel à sua natureza. A este respeito o impressionismo fora o clímax e o termo de uma evolução que durara mais de quatrocentos anos. A arte pós-impressionista é a primeira a renunciar, em princípio, a todo o aspecto ilusório da realidade e a exprimir a sua atitude perante a vida, através da deformação deliberada dos objetos naturais. (1982, p.1118)

Adotar a distorção como fundamento da representação artística está diretamente ligado tanto às transformações ocorridas na mentalidade do homem moderno, ao qual a representação realista era insuficiente para tornar visíveis seus estados subjetivos, quanto ao desenvolvimento de métodos mais eficientes, rápidos e baratos de registro do real. É amplamente reconhecida a influência da fotografia sobre os valores da pintura. A arte figurativa perdeu grande parte de seu significado diante da rapidez e da precisão da reprodução técnica da imagem. Essa transformação não atingiu apenas os recursos formais de representação, mas o próprio valor da obra de arte, como bem assinalou Walter Benjamin (1993, p.165-96), em seu famoso ensaio "A obra de arte na era de sua reprodutibilidade técnica".[3] De forma semelhante, o cinema influenciou a criação teatral. Veja-se como Roubine se refere ao fenômeno:

---

3 Segundo o autor, o surgimento dos meios de reprodução técnica da imagem retiraram da obra seu valor de culto, aurático, obtido graças à originalidade, em favor do valor de exposição, visto que o filme, fotográfico ou cinematográfico, não tem valor como original e sim como obra destinada a infinitas reproduções.

Por outro lado, aparece uma técnica que, antes mesmo de se tornar uma arte, vai subverter os dados da questão: as primeiras projeções cinematográficas datam de 1888, o mesmo ano de *Bouchers*. Em 1895, são projetados, no Grand Café, os primeiros filmes de Louis Lumière, entre os quais *L'arrouser arrosé...* Sem dúvida, os artistas de teatro custaram muito a enxergar problema. A tomada de consciência foi lenta, as resistências tenazes. Nem por isso deixa de ser verdade que o teatro, ao longo de todo o século XX, vai ter que redefinir, em confronto com o cinema, não apenas a sua orientação estética, mas a sua própria identidade e finalidade. (1982, p.27)

Diante dos avanços do cinema, o teatro tende a desenvolver aquela propriedade que caracteriza sua especificidade em relação às outras artes: a relação direta do intérprete com o espectador. A mediação proporcionada pelo espaço cênico passa a ser repensada de modo a valorizar essa especificidade. Gradativamente e acompanhando a evolução da pintura, o palco passa a romper com a verossimilhança à qual aspirava o naturalismo. Em vez de construções arquitetônicas, peças de mobiliário e frações de carne bovina,[4] a área de representação passa a assumir valores mais especificamente plásticos. Esse impulso foi dado pelo simbolismo, em plena vigência do naturalismo, acompanhado pelos futuristas, pelos cubistas e pelos decoradores dos balés russos.[5]

Podemos considerar que a primeira atitude contestatária contra o palco frontal corresponde à eliminação de um de seus trunfos, o enquadramento. Os construtivistas russos adotaram a geometrização semelhante à dos quadros suprematistas e exploraram todas as dimensões da área de representação por meio de estruturas elevadas e do desempenho acrobático dos atores. Orientado segundo as premissas da Revolução Proletária, na Rússia, o construtivismo pretendia revelar os meios de realização do espetáculo, logo, eliminando os bastidores, cortinas e todos os meios de ocultação e seleção da cena. Procedimento similar é adotado por

---

[4] O anseio de verossimilhança foi tão intenso no Théâtre Libre, dirigido por Antoine, que na montagem de *Les Bouchers* ele colocou peças de carne verdadeiras em cena (Mancini, 1996, p.22).

[5] Muitos artistas mais conhecidos como pintores destinaram seu trabalho à decoração teatral como Pablo Picasso, Fernand Leger, Giacomo Balla e Fortunato Depero, entre outros (Mancini, 1996, p.86-137).

Brecht (1898-1956), na Alemanha, inicialmente vinculado ao teatro expressionista e mais conhecido por sua atuação no teatro político de inspiração socialista. No entanto, eram experiências que preservavam a frontalidade. Brecht, como alguns de seus contemporâneos, aspirava a um ambiente transformável, guardando certas semelhanças com o teatro dos sonhos de Erwin Piscator (1893-1969), o Teatro Total, projetado por Walter Gropius (1883-1969), mas nunca realizado; totalmente conversível permitindo várias relações de representação (Roubine, 1982, p.80-3). Max Reinhardt (1873-1943), também ligado ao expressionismo, foi responsável, na Alemanha, por encenações que adotaram a arena como relação de representação em monumentais encenações, como *Édipo-Rei*, realizado em 1910, no Circo Schumann, destinado a um público de cinco mil pessoas, adotando os princípios do teatro grego. *O milagre* foi realizado no Olimpia Hall, de Londres, um pavilhão de 145 metros de comprimento por 82 de largura e 33 de altura, transformado em uma gigantesca catedral gótica, na qual não havia divisão entre sala e cena. Em 1919, um público de três mil pessoas não assiste, mas participa de uma assembléia popular montada no Grosses Schauspielhaus, de Berlim, durante a peça *Danton*. Em 1921, Reinhardt monta *Jadermann*, numa praça; *O grande teatro do mundo*, dentro de uma igreja; e, em 1933, *Fausto*, na rua.

Contudo, as proposições das Vanguardas Artísticas pretendiam ir além dos valores puramente estéticos. Nesse sentido, mais do que falar em teatro é possível falar em "explosão da teatralidade" (Garcia, 1997, p.18). Particularmente com referência aos espaços da encenação, não se trata apenas de novos ambientes, mas de instalar o teatro nos ambientes mais variados. Nas principais capitais européias, como resultado do crescimento urbano, a intensa vida noturna cedeu espaço aos cabarés, cafés, *dancings* e restaurantes. O jovem Brecht foi muito influenciado pelas esquetes apresentadas nos cafés de Munique por Karl Valentin, tendo inclusive integrado o grupo do comediante.[6] A tentativa de atingir o espectador

---

6 As esquetes de Valentin eram apresentadas no Porão do Riso. Eram números de variedades para tavernas. Essa experiência exerceu forte influência em Brecht inclusive estimulando o desejo pelo "teatro enfumaçado". Cf. Ewen (1991, p.52-4).

Le miracle. E. Stern. Enc. M. Reinhardt, 1911 (Bablet, 1975, p.73).

de forma direta e diversa fazia parte das pesquisas futuristas: "esse tipo de teatro ... busca ... um público que não permaneça estático, como um estúpido *voyeur*, mas participe 'com muitos imprevistos e diálogos bizarros com os atores'" (ibidem, p.187). Entre as décadas de 1910 e 1920, foram realizadas as *serates* em cafés, porões dos teatros e galerias; o Teatro Surpresa, recheado de figurantes e intervenções inusitadas; o Teatro de Variedades, o Teatro Jornal e o Teatro Tátil, "no qual os espectadores poderiam apalpar 'fitas táteis' de diferentes texturas, da lixa aos 'cabelos e pêlos humanos'", (ibidem, p.39). As extravagâncias futuristas incluíam o Teatro Aéreo, em que a cena se compunha por aeroplanos que realizavam acrobacias. Os dadaístas produziam semelhantes manifestações escandalosas. Em Berlim, Johannes Baader invadira a catedral da cidade desconcertando o padre que realizava o sermão ao ridicularizar o Cristo. O mesmo Baader provocara escândalo na Assembléia de Weimar ao distribuir panfletos irônicos apresentando a sua própria candidatura à Presidência da República. George Groz, que futuramente iria colaborar com Brecht e Piscator, andava pelas ruas de Berlim fantasiado de Morte. Para os cubo-futuristas, após a Revolução de 1917, o teatro, entendido como veículo de agitação e propaganda, ganha as ruas e os *fronts* levando informações a respeito da guerra civil. "Em Petrogrado, as *instzeniróvki*, dramatizações monumentais comemorativas das datas da Revolução, reúnem dezenas de milhares de artistas, técnicos e voluntários, para apresentação a públicos gigantescos" (ibidem, p.46). Os dadaístas iniciaram suas atividades no Cabaré Voltaire, de Hugo Ball, em Zurique, por volta de 1916. Suas manifestações, conhecidas como *performances*, abdicando da palavra empregada logicamente, ironizando e agredindo os presentes, ocorriam em teatros tradicionais, mas também em galerias, porões, e até mesmo nas ruas ou em "excursões", como a promovida à Igreja de Saint-Julien Le Pauvre, que redundou em fracasso em razão de uma chuva torrencial.

Em síntese, a perspectiva das Vanguardas Artísticas foi transpor os limites tradicionais da arte. Nesse sentido, o espaço cênico apresenta duas situações: a adoção de outras relações de representação alternativas para a realização do espetáculo teatral; e a interferência no cotidiano por meio do teatral, o que demonstra que todo e qualquer ambiente pode se tornar área de atuação. Em todas as alternativas, movidos por fins didáticos, de propaganda política ou de agressão ao público, os artistas de vanguarda percebem a necessidade de estabelecer outro tipo de contato com o espectador, mas sempre com a expectativa de ultrapassar os limites de uma recepção passiva do fenômeno teatral. Logicamente, isso não significa que o desenvolvimento permanente dos recursos técnicos aplicados na sala frontal fosse interrompido.

RETORNO AO ELEMENTAR: OS CONTEMPORÂNEOS DE VICTOR GARCIA

Após a Segunda Guerra Mundial e até 1968, ano em que Victor Garcia monta *Cemitério de automóveis*, em São Paulo, por vários motivos diferentes, mas direta ou indiretamente ligados ao avanço da cultura de massas, vários grupos de teatro intensificam a necessidade de aprofundar as possibilidades de contato direto do público com o intérprete. Nesse sentido, os espaços cênicos a serem experimentados buscam *relações de representação* em detrimento da frontalidade, mas a tendência é a valorização do ator como principal motor e veículo do fenômeno teatral. O mais destacado entre os diretores que adotam esse pressuposto é Jerzy Grotóvski, cujas principais idéias foram compostas por artigos reunidos sob o título *Em busca de um teatro pobre*. Pobreza para Grotóvski representa despojamento, liberdade de tudo quanto não seja essencial, para que o ator, por meio de um contínuo e profundo treinamento, esteja apto a animar até o mais simples dos ambientes. As apresentações de seus espetáculos ocorrem em salas comuns, com poucos elementos de cenário e permitindo as mais variadas relações de representação. Para *Caim*, espetáculo baseado em texto de Byron, de 1960, a sala do Teatro Laboratório preservava a frontalidade, mas os atores avançavam por entre a área de público. Em *Siakuntala*, a partir de texto de Kalidasa, em 1961, o público se dispunha ao redor da cena numa espécie de arena. Já em *Kordian*, baseado em Slowacki, e *Akropolis*, de Wyspianski, em 1962, o público era incorporado à encenação. No primeiro, havia camas e beliches com vários níveis que eram ocupados pelo espectador; o ambiente representava um sanatório de doentes mentais e a platéia era incorporada como figuração dos doentes. No segundo, o lugar da ação era um campo de extermínio, no qual o espectador retomava o seu papel tradicional de *voyeur*, mas era cercado pela ação, ou seja, os atores não se dirigiam diretamente ao público, pois os primeiros representavam os mortos, e os demais os vivos. Na área de representação existia uma série de objetos velhos e enferrujados, chaminés, um carrinho de mão e uma banheira, as personagens constroem a "civilização da câmara de gás". Em *Dr. Faustus*, de Marlowe, em 1963, a área de representação era composta por duas longas mesas sobre as quais os atores evoluíam e em torno das quais se sentavam os espectadores. Para *O Príncipe Constante*, de Calderón de La Barca, em 1968, Grotóvski radicalizava o sentido *voyeurista* do teatro, colocando o espectador sentado em cadeiras ao redor de tapadeiras à altura do pescoço que o obrigavam não a assistir, mas a bisbilhotar o que ocorria no centro da arena (Grotóvski, 1987, p.89-91).

As experiências de Grotósvki influenciaram o italiano Eugenio Barba, que atuou no Teatro Laboratório durante quatro anos. Adotando princípios semelhantes, ele montou, em 1967, *Kaspariana*, no Odin Teatret, centro de pesquisas teatrais na Escandinávia. Valorizando igualmente o trabalho do ator, a ação se desenrolava em uma sala comum dividida por seis praticáveis inclinados em cujos intervalos se instalavam pequenos grupos de espectadores. Os atores atuavam no centro e ao redor da sala, retirando o máximo de possibilidades das relações que estabeleciam com os praticáveis (Aubert & Bourbonnaud, 1970, p.131ss.).

Para o grupo americano Living Theatre, de Julien Beck e Judith Malina, igualmente houve uma evolução do uso da frontalidade

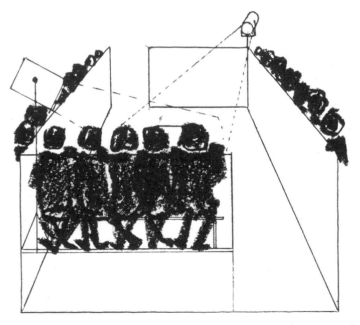

O Príncipe Constante. P. Calderón de La Barca. Enc. J. Grotóvski. Proposta de encenação (Jacquot, 1970, p.47).

Kaspariana. Enc. E., Barba, 1967 (Jacquot, 1970, p.147).

ao envolvimento do espectador na ação, mas nunca aceitando a passividade. Em *The Brig*, de 1963, a ação se passava em um presídio e uma cerca de arame procurava denunciar a separação entre o público e as personagens enclausuradas.[7] Para *Frankenstein*, em 1965, foi construída uma estrutura de tubos metálicos com 6 metros de altura por 10 de largura, dividida em quinze compartimentos, que exigia a frontalidade. Já em *Paradise now*, de 1968, o Living preparou um "ritual em que os atores encarnavam seus próprios personagens" e que obedecia, inicialmente, à forma da arena, mas que, em razão da participação do público convidado a improvisar junto com os atores, levava a cena a "transbordar da plataforma central para a sala" (Roubine, 1982, p.173ss.).

Tadeusz Kantor também se empenhou em priorizar a ação teatral sobre a arquitetura realizando espetáculos em salas comuns, como em *La poule d'eau*, de 1968, ou a céu aberto, como no *Happening do mar*, em uma praia de Lazy, em 1967; e Peter Brook realizou a *Tempestade*, de Shakespeare, no Round House de Londres, em 1968, utilizando um emaranhado de andaimes entrelaçados ocupando toda a sala.

---

7 José Celso Martinez Corrêa adotou princípio semelhante ao usar uma grade na encenação de *Galileu Galilei*, de Brecht, em 1969, sugerindo o papel repressivo do AI-5 (Silva, 1981, p.174).

Paradise now. Enc. J. Beck e J. Malina, 1968 (Jacquot, 1970, p.259).

Essa lista de exemplos poderia ser acrescida de outras tantas experiências, mas parece suficiente para demonstrar que o rompimento com a frontalidade, sobretudo na Europa, já poderia ser considerado como dotado de tradição. Nesse sentido, Victor Garcia poderia ter sofrido influência de um grande número de produtores artísticos, tanto antecedentes quanto contemporâneos. Mas a saída dos teatros frontais e palcos italianos, em geral, corresponde a atitudes contra a forma tradicional de produção. Os teatros, cada vez mais, se tornavam peças de uma indústria do entretenimento que impediam o desenvolvimento da arte em outro sentido que não o dos interesses comerciais. Por outro lado, grupos com impulso contestatório com nítida conotação política tendiam a desagradar o grande público, a imprensa e os produtores e, portanto, precisavam encontrar alternativas para a sua manutenção fora do que podemos chamar de "sistema". Logo, era preciso buscar novos espaços que pudessem abrigar suas manifestações teatrais. Não sem razão, a investigação do chamado *trabalho de ator* foi preponderante para a obra desses encenadores em sua busca por um contato mais direto com o espectador, provando que o teatro, desde a sua origem, resulta da ação direta entre atores e público, seja num aparatado palco italiano, seja numa simples roda.

2 CEMITÉRIO DE AUTOMÓVEIS

> Numa sociedade em decadência a arte, para ser verdadeira, precisa refletir também a decadência. Mas, a menos que ela queira ser infiel à sua função social, a arte precisa mostrar o mundo como passível de ser mudado. E ajudar a mudá-lo.
>
> (Ernst Fischer, *A necessidade da arte*)

Cemitério de automóveis estreou no final da primeira quinzena de outubro de 1968. O espaço cênico, totalmente fora dos padrões convencionais, foi resultado da adaptação de duas oficinas mecânicas situadas nos números 134 e 140 da Rua Treze de Maio, no bairro da Bela Vista, em São Paulo. A produtora do espetáculo era Ruth Escobar, que havia assistido à montagem do espetáculo, em Paris e, movida pelo "instinto",[1] convidara Victor Garcia para encená-lo em São Paulo.

Maria Ruth dos Santos, mais conhecida como Ruth Escobar, atriz e empresária teatral desde 1959, vinha despontando no panorama teatral paulistano graças à capacidade empreendedora[2] e, mais especificamente em 1968, em razão da polêmica gerada por *Roda*

---

[1] A produtora declarou que, não sendo uma intelectual, não sabia avaliar o que representava o espetáculo, mas que resolveu trazê-lo para São Paulo, obedecendo ao instinto (*Roda Viva*, 16 out. 1995).
[2] Um bom exemplo da habilidade empresarial de Ruth Escobar pode ser a lembrança de que ela conseguiu a alteração da lei de zoneamento do município para que seu teatro, na Rua dos Ingleses, pudesse ser construído (Fernandes, 1985, p.22).

Capa do Programa.

viva, texto de Chico Buarque de Holanda, espetáculo dirigido por José Celso Martinez Corrêa, ligado ao Grupo Oficina. A encenação pretendia servir de alerta contra os meios de comunicação de massa que evoluíam no país e percebidos, "na pele", pelo jovem cantor e compositor que escrevera a peça. As emissoras de TV que, gradativamente, vinham substituindo a hegemonia do rádio, eram representadas como verdadeiros templos a manipular a opinião e o gosto de parcelas gigantescas da população. O artista, principal item do "cardápio" a ser oferecido ao público, era "temperado" segundo os interesses dos proprietários dos veículos. Uma vez banalizado seu sabor e reduzido o interesse dos espectadores por ele, o artista era simplesmente devorado em favor de outro atrativo melhor. As emissoras de TV traziam em seu bojo todo um estímulo ao consumo e à padronização, toda uma cultura de simulacros.

O principal ingrediente de *Roda viva*, no entanto, era a provocação que se pretendia contra a platéia, mediante o uso insistente do palavrão, dos gestos obscenos, da blasfêmia e da heresia, além de um conhecido momento em que um fígado bovino era sacudido, espirrando sangue na platéia. O alvo de tais agressões eram os valores tradicionais ligados à burguesia; a classe média, a família e a moral cristã aliados ao novo poder: a mídia. Atingindo o resultado esperado, o espetáculo foi acusado por deputados conservadores e por parte dos meios de comunicação de "obscenidade e libertinagem" e "exploração barata das famílias de São Paulo". Não bastassem essas acusações, em julho de 1968, *Roda viva* foi alvo de violento ataque do Comando de Caça aos Comunistas (CCC) – grupo paramilitar que atuou durante o período da ditadura (Fernandes, 1985, p.65-6).[3]

Do ponto de vista dos artistas, sobretudo do diretor, sufocados pelo regime militar, *Roda viva* era uma tentativa de romper com a passividade do público que não se sentia atingido pela opressão gerada pelo sistema político e pelo modelo econômico. As palavras, nesse sentido, não cumpriam o papel de atingir as consciências, fazendo-se necessário um contato mais direto com o espectador. Nesses termos, a distância e as reservas entre áreas de

---
3 Sobre *Roda viva* ver: Silva (1981, p.54-60) e Peixoto, (1982, p.66-70).

representação e de público precisavam ser desfeitas. O espaço cênico, logo, precisava ser modificado. Uma passarela saía do palco e avançava sobre a platéia, utilizada como área de representação. Assim, inspirado pelas manifestações da contracultura européia e norte-americana, José Celso dava os primeiros passos tentando não apenas aproximar fisicamente o intérprete do espectador – o CPC e o Arena já haviam feito isso – mas procurando atingi-lo diretamente, por meio da agressão. Da perspectiva dos produtores, essa fórmula atraía o interesse de um público emergente e de grande potencial, formado, principalmente, por jovens da classe média e estudantes universitários.[4]

Os riscos e agressões sofridos e impostos,[5] justificados com base nas proposições de Antonin Artaud, contribuíram para que *Roda viva* se tornasse um dos maiores sucessos de bilheteria do ano. Ruth Escobar, "encantada" com as possibilidades de contato direto propostas em *Cemitério de automóveis*, convidou Garcia a remontá-lo no Brasil, aproveitando a contradição mercadológica e a polêmica alimentadas por *Roda viva*.[6]

A primeira notícia a respeito de Victor Garcia anunciava que o encenador chegava ao Brasil para "montar peça erótica". O "teor erótico" da montagem não era explicitado, mas a encenação merecia destaque por se tratar de "uma espécie de teatro total" formado, segundo o próprio diretor, por três palcos simultâneos. Os espectadores, sentados sobre poltronas giratórias, poderiam mover-se de um lado para o outro, para acompanhar as três cenas, repetindo-se, em São Paulo, a proposta realizada em Paris; o texto

---

4 A respeito das contradições em torno da adoção dos pressupostos da vanguarda ver estudo de Costa (1986) em especial o capítulo 4, "Adeus às armas".
5 Anatol Rosenfeld argumentou contra a irracionalidade dos expedientes utilizados no espetáculo, cuja agressividade tenderia a estimular nada menos do que o revide (Rosenfeld, 1969b, p.56).
6 Em reportagem de 29 de setembro de 1968, pouco antes da estréia da versão paulistana do texto de Arrabal, encontramos a seguinte informação: "Victor Garcia promete um espetáculo mais agressivo que *Roda viva*. Para o encenador, a peça de Chico Buarque era apenas o reflexo de um diálogo inicial e imediato com o público, dentro do processo de renovação do teatro" (Morari, 1968). Localizamos também várias peças de publicidade da montagem de Garcia, fazendo referência ao espetáculo dirigido por José Celso.

era composto de quatro peças do espanhol Fernando Arrabal e sugeria, como tema central, a Guerra Civil Espanhola. "O cenário será formado com carcaças de autos: neles, como numa favela, vegetam várias famílias", dizia o diretor. O projeto tinha ares de grande produção apontando cifras de cem mil cruzeiros novos e a presença de 27 personagens. Para tanto "basta que tenha à disposição uma sala ampla. O resto não é difícil resolver", afirmava o argentino (cf. Diretor argentino..., 1968).

As previsões de Garcia não se concretizariam, pois o espetáculo programado para estrear em agosto só pôde ser aberto ao público no final da primeira quinzena de outubro. Regularmente a imprensa divulgava notas sobre a preparação do espetáculo, adiado várias vezes. Diante de tantas prorrogações e sucessivos cancelamentos da publicidade do espetáculo, a produção não se fez de rogada e mandou publicar, no *Diário de São Paulo*, de 21 de setembro de 1968, o seguinte: "O mais difícil espetáculo até hoje montado no Brasil: *Cemitério de automóveis*". Ao longo do período de preparação, a imprensa basicamente se dirigia ao insólito espaço cênico, no qual se desenvolveria a ação.

Vencidas todas as dificuldades para a conclusão das reformas, inaugurou-se o Teatro Treze de Maio, instalado num pequeno galpão, medindo apenas 10 metros de frente. Não existia sala de espera; assim, ao ultrapassar a bilheteria, transpondo apenas um pequeno biombo, o espectador se encontrava no interior do espaço cênico, aparentemente não havendo delimitação entre as áreas de público e de representação. Logo na entrada da sala havia quatro carcaças de automóveis modelo anos 50, suspensas no ar, presas ao madeiramento do telhado por correntes e ganchos de guindaste. As aludidas carcaças eram dispostas com aparente displicência, acima da altura da cabeça dos espectadores e no centro da largura da sala.

Como o teto não possuía revestimento, as instalações elétricas, os refletores e as telhas sobre madeiras sujas e mal pintadas ficavam expostos. Logo abaixo do conjunto de carcaças, um praticável inclinado de madeira, com cerca de 6 metros de comprimento, partia do chão atingindo 90 centímetros de altura no centro do recinto. Esse praticável se unia a um palco, posicionado perpendi-

Acima, reforma das oficinas mecânicas. Abaixo, visto pelo mesmo ângulo, o espaço cênico durante apresentação (Arquivo Multimeios – Divisão de Pesquisas/Idart-CCSP).

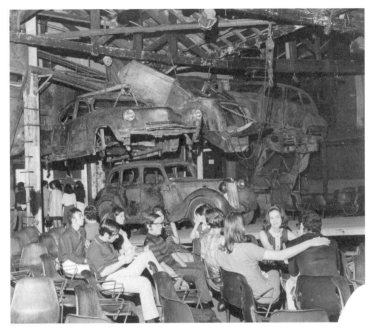

No primeiro plano, o público sentado nas cadeiras giratórias. Ao fundo, acima, as carcaças dos automóveis pendentes do teto (Arquivo Multimeios – Divisão de Pesquisas/Idart-CCSP).

cularmente, medindo 6 x 4 metros. Sobre a parte inferior do praticável inclinado, enxergava-se outra carcaça de automóvel com a frente voltada para a parte superior. A área do público era composta por dois conjuntos de cadeiras não numeradas. Conseqüentemente, caberia ao espectador escolher entre assistir ao espetáculo sentado em cadeiras giratórias de plástico rígido, ao redor do conjunto palco/praticável, ou em cadeiras fixas, posicionadas junto da parede esquerda do galpão e voltadas para o centro, ao nível do chão ou num nível superior, formando uma espécie de balcão. À frente das cadeiras superiores, havia uma passarela 2,5 metros acima do solo, sustentada por colunas com intervalos regulares. Essa passarela, com largura de 2 metros, cobria todo o perímetro da sala, com exceção da parede do fundo, ponto em que um praticável declinava até o chão. As paredes laterais estavam revestidas com chapas metálicas e por todos os lados eram vistas peças de funilaria amontoadas. A área total, ocupada pelo espaço cênico, media apenas 10 x 30 metros, o que intensificava o "entulhamento". Os pontos de vista dos espectadores seriam diferentes dependendo da posição que ocupassem nesse ambiente em que estavam imersos, aguardando o início do espetáculo. As cenas se desenvolveriam alternada ou simultaneamente ao longo do praticável inclinado e sobre o palco central; em meio e abaixo das carcaças próximas à entrada; e sobre o mezanino. Os objetos que compunham o ambiente não eram totalmente fixos, de modo que algumas peças eram movimentadas pelos contra-regras ou pelos próprios atores, sem recursos eletromecânicos.

Um espaço cênico com tais características claramente se destacaria do padrão vigente, bastando lembrar que a grande maioria dos espetáculos teatrais, ainda hoje, se realiza frontalmente, portanto sendo compreensível que o simples abandono dessa relação tradicional se torne um estímulo à curiosidade do público.[7] Contudo, em 1968, ao menos na cidade de São Paulo, a hegemonia da frontalidade já havia sido arranhada pelas propostas dos grupos Arena e Oficina. Em 1951, na Escola de Arte Dramática de São Paulo, iniciaram-se as pesquisas que permitiram o desenvolvimento do Grupo do Teatro de Arena (Campos, 1988, p.30-3) e o espaço cênico concebido pelo arquiteto Joaquim Guedes, para o Grupo do Teatro Oficina era formado por duas platéias paralelas e convergentes com a área de representação no centro (Silva, 1981, p.49); além do espaço de *Roda viva*, já descrito. A proposta de Garcia, no entanto, apresentava particularidades que não pudemos encontrar em outras companhias profissionais. Não se tratava apenas de um novo tipo de palco; era um novo conceito de espaço cênico, na medida em que o ambiente original, uma oficina mecânica, fora preservado em suas características fundamentais para atender às exigências da montagem. Nos referimos à primeira ex-

---

7 Um exemplo disso ocorre desde o ano de 1989, quando foi encenado *O concílio do Amor*, de Oskar Panizza (dir. Gabriel Vilela, prod. Boi Voador), nos porões do Centro Cultural São Paulo. Dessa experiência em diante, este passou a ser um dos espaços com a agenda mais solicitada.

periência registrada no Brasil, em que o espectador era envolvido pelo ambiente sugerido pela encenação, aos moldes daquilo que em Artes Plásticas se pretende com a *instalação*.

TEATRO E RITUAL

De modo geral, a imprensa recebeu o espetáculo positivamente. Um dos maiores entusiastas da montagem foi Sábato Magaldi (16 out. 1968), para quem *Cemitério de automóveis* "só poderia provocar perplexidade", se constituindo em um "ritual artaudiano", "delírio de imaginação" e "apelo aos sentidos em mostra mediúnica de horror cósmico", uma vez que "a mais profunda irrisão se ordena numa plasticidade de beleza invulgar". O crítico se referia a Garcia como "encenador sacerdote". Com respeito à relação texto/encenação, Sábato Magaldi assim se manifestava:

> as quatro peças enfeixadas sob o nome da última, têm a sua unidade própria, numa organização íntima que se basta. Não será exagero afirmar que a disposição cênica nova que lhes deu Victor Garcia, fundindo-as e interpondo-as entre os dois atos originais de *Cemitério* o ato dos Dois Carrascos, e deslocando o seu desfecho para o fim da Primeira Comunhão, *talvez obscureça um pouco o sentido já bastante hermético dos textos, mas atinge uma expressão muito mais violenta e compacta do universo de Arrabal*.

O grau de hermetismo era sugerido algumas linhas antes, quando Magaldi escrevia sobre a "vontade de opor a essa 'cerimônia pânica' ... um mundo de clareza e lógica" e acrescentava que o resultado proibia "um juízo de desempenho em termos rotineiros", legitimando qualquer possível incompreensão.

Regina Helena (16 out. 1968), em contrapartida, era uma das mais incomodadas com a liberdade do encenador, alegando que Victor Garcia havia montado "um espetáculo pirotécnico, barulhento, em ritmo absolutamente maluco, ensurdecedor, que deixa o público desnorteado e sem fôlego para prestar atenção ao texto", sugerindo que, em alguns momentos, o diretor tenha resolvido "fazer sensacionalismo não resistindo à tentação de 'espantar os burgueses'". Em sua opinião, o espetáculo era repleto de "coisas gratuitas" e acusava não haver "a mínima intenção dos produtores e do diretor de (sic) esclarecer o (sic) público que não se trata de uma única peça". Em defesa do texto, escrevia:

> Arrabal é um autor difícil. As verdades que ele diz precisam ser procuradas dentro do texto. É preciso pensar sobre suas peças. No meio de todo o seu absurdo, há um misticismo coerente, há uma linha de pensamento, de raciocínio. Que jamais poderá ser encontrada pelo público que for ver "*O cemitério de automóveis*".

Com maiores ou menores restrições, a grande maioria dos críticos salientou essa autonomia da encenação em relação ao texto. Diante da polêmica, Paulo Mendonça (3 nov. 1968), que já havia julgado legítimo o procedimento de Victor Garcia, voltou a escrever e se apoiou em Décio de Almeida Prado, em defesa da montagem. Segundo o crítico, Prado teria se referido ao "deslocamento do teatro de texto para um segundo plano, com a presente predominância do teatro-espetáculo". Com base nessa idéia, justificava que "o teatro tradicional não tem condições para competir com o cinema e com a televisão" de tal forma que, assim como o fizera Magaldi, afirmava que "simultaneamente, acentua-se também a tendência para atingir o espectador mais pelos sentidos do que pela inteligência" em experiências que buscam recuperar "os valores primitivos da atividade dramática ... como nas festas e nos rituais religiosos".

João Apolinário (12 out. 1968) e Carlos Alberto Christo (22 out. 1968) fizeram referência à inspiração em Meyerhold; mas, de modo geral, a crítica especializada admitia que o aspecto "ritualístico" da encenação determinaria sua filiação a Artaud. Hipótese semelhante foi aventada pela pesquisadora Odette Aslan (1970, p.332), em um estudo a respeito de *Cemitério de automóveis*. O vínculo era estabelecido com precaução, uma vez que o próprio Victor Garcia alegara que qualquer influência seria improvável, pois conhecera muito tarde as propostas de Artaud. Suas referências seriam "o folclore indígena e a cultura brasileira", o que não deixava de guardar similaridade, quando lembramos que uma das influências de Artaud foram os ritos astecas. Outros aspectos semelhantes seriam os "espetáculos infantis sem palavras", realizados por Garcia, que poderiam corresponder à "rejeição do teatro literário preconizado" pelo francês. Na iluminação e no plano sonoro encontravam-se certas semelhanças ao que se propunha no *Teatro da Crueldade*; mas no espaço cênico reconhecemos a maior aproximação com a "fórmula" artaudiana:

> Suprimimos a cena e a sala, substituídas por uma espécie de lugar único, sem divisões nem barreiras de qualquer tipo, e que se tornará o próprio teatro da ação. Será restabelecida uma comunicação direta entre o espectador e o espetáculo, entre ator e espectador, pelo fato de o espectador, colocado no meio da ação, estar envolvido e atravessado pela ação. Este envolvimento provém da própria configuração da sala... No interior dessa construção imperarão proporções particulares em altura e profundidade. A sala será fechada por quatro paredes, sem qualquer espécie de decoração, e o público ficará sentado no meio da sala, na parte de baixo, em cadeiras móveis que permitirão seguir o espetáculo que se desenvolve à sua volta. (Artaud, 1987, p.122-3)

Aslan, no entanto, alertava que "a referência a Artaud" admitia ambigüidades, visto que era possível encontrar em *Cemitério de automóveis* traços stanislavskianos e brechtianos.

Alguns críticos trataram posteriormente dessa ligação entre Garcia e Artaud. Teixeira Coelho (1982, p.11) considerou duvidosa a inspiração artaudiana em *Cemitério de automóveis*. Alain Virmaux reitera a negação quanto à aproximação com *O teatro e seu duplo*, alegando que Garcia chegou a resultados semelhantes por caminhos distintos. O pesquisador afirmou: "recusa pelo realismo, paixão pela violência e pelo grito, preocupação com o emprego coletivo de materiais cênicos: tais são algumas das constantes de Garcia, além de uma tendência para o misticismo que tem algumas ligações com a atitude do Living Theatre e que está bastante afastada de Artaud" (1978, p.259).

Ainda assim, se na França o espaço cênico adotado em *Cemitério de automóveis* guardava semelhanças com aquele proposto por Artaud, em São Paulo a ocupação de uma antiga oficina mecânica se aproximava ainda mais da concepção sonhada pelo autor de *O teatro e seu duplo*, mas, até por esse aspecto, as propostas não são idênticas, pois Artaud pedia a ausência de decoração das paredes. Cláudio Willer (in Artaud, 1986, p.56), tratando do assunto, referia-se aos aspectos formais como meros detalhes e alertava que "o *Teatro da Crueldade* ... nunca é a reprodução de um conjunto de técnicas e procedimentos, mas sim de um estado de espírito, de uma postura ideológica e cultural".[8] A distância entre as soluções formais e a aspiração estética poderia ser considerada insignificante se a crítica resolvesse emprestar à obra de Garcia traços estilísticos de outro teórico, mas não de Artaud. Assimilando-lhe o que há de essencial, o "artaudiano" é a abdicação da civilização ou a busca do irrealizável.

As idéias de Artaud (1896-1948) se insurgiram contra o "teatro psicológico de Racine" e contra os modernos meios de entretenimento, inclusive o cinema, que fizeram "esquecer a idéia de um teatro grave", e contra os quais ele propunha um teatro do cruel: "tudo o que age é uma crueldade. É sobre essa idéia de ação conduzida ao seu extremo que o teatro deve renovar-se" (Artaud, 1987, p.108). O termo *crueldade* deu margem à interpretação de um teatro de violência, de sangue, de agressão. Na verdade o que Artaud buscava era um teatro "metafísico", no qual o essencial despontasse e com isso tivesse possibilidade de atingir valores ontológicos. As diversas comparações que Artaud estabeleceu entre o seu teatro e os efeitos da acupuntura – numa época em que essa prática terapêutica era restrita e vista como puro curandeirismo – são a chave e os elos entre os universos micro e macrocósmicos.[9] Para Artaud, o apego da sociedade ocidental aos valores materiais e às superficialidades evitava o encontro com a *crueldade*. Essa dimensão, logo, não era individual, era coletiva, social; mesmo que ele não defendesse o engajamento político, ao menos no que

---

8 Sobre a relatividade à importância dada a Artaud, ver Grotóvski (1987, p.92-100; em especial, com relação ao espaço cênico, p.95).
9 A acupuntura e o do-in fazem parte de um sistema terapêutico que se propõe a atuar sobre os *fluxos energéticos*. Segundo seus adeptos, esses fluxos obedecem a dois vetores: Yin e Yang e correspondem, respectivamente, às energias masculina-feminina, que descrevem movimentos universais que correspondem, por sua vez, a todo processo de ruptura e fusão, válidos da fecundação às nebulosas. A esse respeito ver Goldfarb (1985, p.35-7, 59-61 e 103).

se referia à atuação partidária. "Se a juventude é a favor de que se organize a matéria (o marxismo), também é a favor de que se organize simultaneamente o espírito" (Artaud, 1986, p.92). Empenhado em "acabar com as obras-primas", ele ainda afirmava:

> Não sou daqueles que acham que a civilização deve transformar-se para que o teatro se transforme; mas acredito que o teatro, utilizado no seu sentido superior e mais difícil, tenha a capacidade de influir no aspecto e na formação das coisas: e o encontro em cena de duas manifestações passionais, dois espaços vivos, dois magnetismos nervosos, é qualquer coisa de tão íntegro, tão verdadeiro, tão determinante quanto, no plano da vida, o encontro de duas epidermes num estupro sem amanhã. (1987, p.103)

Foi a dimensão coletiva de um povo, manifestada no teatro de Bali, com o qual Artaud travou contato na França em 1931, que contribuiu para que ele construísse sua teoria (1987, p.71-88). "Este teatro puramente *popular*, e não sagrado, nos dá uma idéia extraordinária do nível intelectual de um povo, que toma por fundamento de seus prazeres cívicos os combates de uma alma presa das larvas e dos fantasmas do além" (p.75). Artaud foi suficientemente sensível para notar como o envolvimento do ator/bailarino com o gesto estava diretamente ligado à função da arte, que no teatro balinês, ao contrário do teatro ocidental, "suprime a *diversão*, esse aspecto de jogo artificial inútil, de jogo noturno, que é a caracterização de nosso teatro ... Há algo do cerimonial de um rito religioso, no sentido em que extirpam do espírito de quem a observa toda a idéia de simulação, de *imitação* barata da realidade" (p.79). Tratava-se de uma arte que não se separava dos demais fatores da vida; como resultado, o rigor dos gestos foi visto como uma forma de "linguagem", através da "*fala* anterior às palavras" (ibidem); portanto "não se trata de suprimir a palavra articulada, mas de atribuir às palavras quase a mesma importância que elas possuem nos sonhos" (1987, p.114). A interpretação do ator devia assemelhar-se, portanto, ao transe, entendido não como "histeria descontrolada" mas como um "entrar em transe através de métodos controlados" (Artaud apud Virmaux, 1978, p.47). Tampouco podemos admitir que a proposta de Artaud fosse atingir os sentidos abolindo o intelecto.

Sobre uma tal linguagem da encenação, entendida como linguagem teatral pura, a questão é saber se ela é capaz de atingir o mesmo propósito interior da palavra; se, teatralmente e sob o ponto de vista do espírito, pode aspirar à mesma eficácia intelectual da linguagem articulada. Ou seja, podemos perguntar se ela é capaz não de especificar pensamentos, mas sim de *fazer pensar*; se ela é capaz de levar o espírito a tomar atitudes profundas e eficazes a partir do seu próprio ponto de vista.

Em síntese, levantar a questão da eficácia intelectual da expressão por meio de formas objetivas, da eficácia intelectual de uma arte que só utilize formas, ruídos e gestos, é levantar a questão da eficácia intelectual da arte. (1987, p.91)

No entanto, Artaud compreendia que não seria possível encontrar o seu teatro na sociedade construída sobre as instituições que ele tanto detestava e criticava.[10] Após sucessivos fracassos, de forma semelhante a Gauguin e Rimbaud, Artaud (1986, p.94) resolveu evadir-se da sociedade: "A cultura racionalista da Europa faliu e eu vim à terra mexicana para procurar as bases de uma cultura mágica que ainda pode brotar das forças do solo índio". Em 1936, viajou para o México, onde ficou quase um ano, e conviveu com a tribo dos tarahumaras, participando do rito do peiote, uma droga alucinógena. Ele vai em busca de seu teatro e da cura para sua doença: a dependência do ópio que começou a ingerir aos 24 anos como tratamento para dores de cabeça. As atitudes excêntricas de Artaud, principalmente após o retorno à França, renderam-lhe sucessivos internamentos em sanatórios, onde continuou escrevendo intensamente e oferecendo relatos terríveis sobre os horrores dos manicômios. A conclusão a que se chega é que seu teatro é uma "uma lição teórica, não um convincente testemunho de fato" (Virmaux, 1978, p.182).

Podemos aceitar algumas semelhanças entre as proposições de Artaud, mas *Cemitério de automóveis*, em hipótese alguma, levava à radicalidade pretendida pelo encenador francês e, por

---

10 Uma das melhores formas de expressão de Artaud foram as cartas. Algumas delas constituem um dos maiores conjuntos de blasfêmias proferidos contra instituições e autoridades européias. cf. Artaud (1986, p.20-8 e 30-1).

outro lado, se afastava por completo dela, em pelo menos um aspecto fundamental: a arte como entretenimento.

Já transcrevemos algumas das críticas que Artaud fez ao teatro como divertimento. *Cemitério de automóveis* era uma produção comercial, à qual se deu destaque ao "arrojo empresarial" da produtora e na qual Victor Garcia propunha um trabalho de ordem estética, atribuição completamente afastada do Teatro da Crueldade. O sentido quase sagrado pretendido pelo teatro e a possibilidade de produzir na plateia algo semelhante ao que faz o "encantador de serpentes" exigia um envolvimento orgânico e particular com a arte. É o caso do teatro balinês e do rito do peiote dos tarahumaras: não se trata de um espetáculo ensaiado, mas de uma atividade retirada dos valores sociais, religiosos e éticos, assim como das atitudes cotidianas; do trabalho, da culinária e das relações com a natureza. Victor Garcia, como ele próprio dissera, "criava arquiteturas" e, ainda, detestava ensaiar. Sílvio Zilber, ator e assistente de direção do espetáculo, declarou que o diretor não acompanhava as *répétitions*, como são chamados os ensaios, em francês. O diretor oferecia coordenadas e o aperfeiçoamento ficava por conta do assistente.[11]

As raízes de *Cemitério de automóveis* podem ser mais bem entendidas quando comparadas a uma manifestação que se dinamizava no final dos anos 60 e que, de alguma maneira, guardava certas correspondências com Artaud: o *happening*. Os *happeners*, como são conhecidos os realizadores desse evento, "renunciam totalmente ao texto escrito e operam sobre o público uma espécie de terrorismo sensorial e nervoso (através de) jatos violentos de luzes espasmódicas, ruídos ensurdecedores, objetos que são atirados, 'em geral' sujos" (Virmaux, 1978, p.235-7). Retirando a agressão física, que havia se limitado à experiência de *Roda viva*, os demais aspectos atendiam às críticas de Regina Helena, e ao bombardeio sensorial que fora descrito pelos demais críticos, confirmados por Sílvio Zilber, que julgava o espetáculo ensurdecedor. Segundo Alain Virmaux, o *happening* também parte de Artaud,

---

11 Entrevista com Sílvio Zilber em 18 de agosto de 1997.

mas dele se afasta, pelo "não-dirigismo" absoluto, abdicando do "autor-incentivador" que o francês preconizava. Nesse sentido o *happening* é uma manifestação desregrada, orientada como culto ao acaso, o que fora uma busca de Artaud em sua juventude, mas que não se sustentou ao longo de sua teoria (1978, p.235). A aproximação de *Cemitério de automóveis* com o *happening* se justifica, ainda, pelo fato de que esta manifestação era uma das propostas do teatro pânico, do qual fazia parte Fernando Arrabal.

Este escritor marroquino-espanhol era mais uma entre tantas personalidades excêntricas a circular por Paris. Vivendo desde 1955 na França, integrou um grupo formado por Roland Topor, Alberto Gironella, Alexandro Jodorowsky, Juan Romero, Cio Wellier, Oreste J., Olivier O. Olivier, Jacques Sternberg, J. Fernandez Arroyo e A. Fernandez Molina, uma legião estrangeira de artistas que se reunia no Café de la Paix e que, entre 1960 e 1962, passara a se denominar integrantes do movimento "pânico". Dotados de um programa vago cujas bases eram "o ego, a alegoria e o símbolo, o mistério, o sexo, o humor, a realidade além do pesadelo, a sujeira, o sórdido, e também, a memória, o acaso e a confusão" (Aslan, 1970, p.314), os dramaturgos "pânico" classificavam seus textos teatrais como "efêmeros" ou *happenings*. As encenações eram caracterizadas pelo exagero e pelo inusitado. Veja-se a descrição de uma delas:

> *A coroação* de Arrabal foi interpretada durante três meses no Teatro Mouffetard. O segundo espetáculo era composto de *Amores Impossíveis,* de Arrabal e dois outros "efêmeros" de Topor e Jodorowsky. Entre os acessórios utilizados, a revista *Índice* menciona 500 kg de carne fresca de boi e 300 tartarugas, etc. Moças nuas lavam simbolicamente toda a roupa suja da humanidade em baldes enormes. O público – escreveu Orestes J. – "entrava em plena catarse teatral, e uma jovem espectadora proclama que nascera pela segunda vez". Depois desse sucesso, Arrabal e Jodorowsky decidiram montar um novo efêmero, tendo como protagonista, um cadáver cedido pela Faculdade de Medicina. (ibidem, p.314)

Tendo como objetivo "modificar profundamente a sensibilidade e a percepção dos espectadores e ... permitir-lhes que reencontrem uma espontaneidade e uma criatividade das quais a vida moderna os privou", os *happenings* se pretendiam "uma espécie de comunhão coletiva" (Virmaux, 1978, p.236). Como tal, em busca do verdadeiro ritual, o *happening* não podia ser totalmente premeditado, nem ensaiado ou repetido. Além disso, sua intenção, mais uma vez afastada de Artaud, possuía nítida conotação política, trabalhando "pela descolonização completa do artista e da arte em geral, em face ao sistema induzido pela sociedade industrial no seu conjunto, e que pretenderia reintegrar todas as artes no seu regime social e nas suas instituições burocráticas" (Tarab apud Virmaux, 1978, p.238). A conotação política do *happening* se faz presente tanto nos temas quanto na própria efemeridade que, como tal, impossibilita a cristalização e a transformação do espetáculo em produto da cultura. O que distancia a versão paulistana de *Cemitério de automóveis* da proposição original dos *happenings* é justamente a abolição da efemeridade. Os efêmeros são encenações-relâmpago, eventos que não pretendem se fixar, exigindo uma dramaturgia provisória, curta e profícua, de maneira alguma pensada segundo o teatro comercial, que necessita de temporada. *Cemitério de automóveis*, mesmo não sendo um *happening*, foi apresentado somente umas poucas vezes na França, o que não ocorreu no Brasil. Essa ligação anterior com a efemeridade serve de justificativa para a indisposição de Garcia para o ensaio e a busca constante da renovação que animou sua prática de encenador enquanto esteve na França. Adiante veremos que, na montagem paulista, encontraremos o tema social metaforizado numa dimensão trágica, mas o caráter efêmero, obviamente, foi descartado.

O TEATRO ENTRE SUCATAS

Na capa do programa de *Cemitério de automóveis* temos um prenúncio do tema tratado pelo espetáculo: um homem deitado com as costas sobre o tanque de uma motocicleta e com os braços abertos sobre o guidão, amparado por uma mulher risonha, numa clara e irônica alusão à imagem de Cristo na cruz. A máquina, o veículo, o símbolo de uma era, a era industrial, servindo de suporte para o sacrifício arcaico do Mártir.

O autor, Fernando Arrabal (1932-) era descrito como sucessor do teatro do absurdo e sua obra, "um ritual teatral", unia "humor e poesia, pânico e amor" ("Programa da peça"). O texto informava que Arrabal fora profundamente marcado pela Guerra Civil que assolou a Espanha entre 1936 e 1939. Victor Garcia assim se referiu ao autor e a sua obra:

> Arrabal é antifranquista, tem um irmão militar que trabalha na Aeronáutica da Espanha e o pai, desaparecido na Guerra Civil Espanhola, teria sido denunciado por sua própria mãe. Desse desencontro, com metade da família voltada para uma posição política e a metade para outra, nasceu a revolta de Arrabal, que a introduz em suas obras teatrais. O cemitério de automóveis retrata as misérias existenciais, morais e psicológicas de pessoas – notadamente as de nível social mais baixo – que vivem nos automóveis abandonados – da Europa e sobretudo dos Estados Unidos, como se fossem suas próprias residências. Os automóveis abandonados têm duplo sentido, pois na realidade as pessoas vivem, procriam, dormem, amam e odeiam dentro dos carros, mas têm, também, um sentido vago, pois o teatro de Fernando Arrabal, não é realista, mas abstrato ... No Cemitério de automóveis não há argumento preciso, os personagens são cafajestes místicos, preocupados em destruir o elemento humano mais próximo de sua maldade. (Kruse, 26 ago. 1968)

A encenação era composta por um roteiro formado por *Cemitério de automóveis*, texto em duas partes, emoldurado por outras três peças, organizadas "como um eco" aos "grandes temas do espetáculo", obedecendo à seguinte seqüência: 1º ato – *Oração, Cemitério de automóveis* (1ª parte) e *Os dois carrascos*; 2º ato – *Cemitério de automóveis* (2ª parte) e *A primeira comunhão*. A organização desses textos, escritos em períodos distintos e independentes uns dos outros, fora concebida pelo encenador, que enxergara uma unidade que permitiria a aglutinação entre as peças.[12] A confrontação entre as imagens e os textos, confirmada pelo depoimento de ato-

---

12 *A oração, Os dois carrascos* e *Cemitério de automóveis* foram publicados, juntamente com *Fando e Lis* em 1958, pela Julliard; reeditados em 1968, pela Chr. Bourgois. *A primeira comunhão* foi publicada em 1967, pela Chr. Bourgois (Aslan, 1970, p.312).

res, não sustenta a argumentação de alguns críticos de que houve abandono dos textos; ao contrário, tudo indica que eles foram utilizados integralmente. No programa do espetáculo, a produção colocava à disposição do espectador uma sinopse de cada uma das peças.

Em *A oração*, um homem e uma mulher (Fídio e Lilbe) dialogavam em torno do cadáver de uma criança, que eles assassinaram. Apesar desse ato, em seu diálogo extremamente pueril, decidiam, daquele momento em diante, serem bons com a naturalidade de quem optava entre "brincar de esconde-esconde ou com bolinhas de gude". O referencial de bondade era evocado por passagens bíblicas mas, "depois de um breve instante de entusiasmo, fértil e santas promessas, eles se encontram voltando ao mesmo vazio". *Cemitério de automóveis* estava descrita como uma reinvenção da paixão de Cristo por Emanou (Emanuel, o enviado de Deus). O ambiente representava "hotel, bordel e cidade", nos quais os habitantes adotavam "maneiras de grandes senhores, hóspedes de hotel de luxo". Emanou era preso por um casal que atravessava continuamente a cena, exercitando-se para bater um recorde indefinido, mas que, a certa altura da encenação, assumia a posição de policiais. Em *Os dois carrascos*, o espectador assistia a um "melodrama autobiográfico", no qual Conceição, a mãe, representava os valores tradicionais – Família, Pátria, Moral Cristã – dos quais um dos filhos, Benito, era adepto. Como Conceição havia denunciado o marido à polícia, o outro filho, Maurício, se rebelava, mas era submetido, representando o povo espanhol humilhado. Por fim, veria *Primeira comunhão*, onde a Avó, réplica de Conceição, dava lições de respeito aos valores tradicionais a uma Menina que era paramentada como comungante. A Menina, porém, estava mais interessada no homem que a vestia do que nas lições da Avó. O texto indicava a presença de outra personagem, o Necrófilo, simbolizando Eros e Thanatos. Ao final, a Menina enterrava um punhal nas costas de seu amante, tingindo de sangue seu vestido branco. Tentemos descrever a evolução da cenas ao longo do espetáculo.

Cemitério de automóveis iniciava com uma movimentação e risos vindos das carcaças dos automóveis. Dirigindo-se para o tablado central, em meio a uma brincadeira, um casal asfixiava um terceiro ator. Dois contra-regras muito musculosos subiam no tablado, levavam o corpo do ator para junto das carcaças e erguiam-no por meio de correntes presas ao teto e unidas a correias de couro que sustentavam as costas e parte posterior dos seus joelhos, deixando as pernas e os braços pendentes. O ator, inerte, permanecia o tempo todo em cena.

Os nomes dessas personagens não eram explicitados, mas toda a ação girava em torno da proposta de Fídio para que, daquele momento em diante, eles passassem a ser bons. Lilbe, surpreendida com a idéia, indagava a Fídio sobre o assunto. A personagem assassinada estava praticamente nua, trajando somente uma tanga de couro. A caracterização de Fídio e Lilbe era conseguida por meio de reduzidas peças de indumentária feitas igualmente em couro: o mesmo tipo de tanga para o homem, uma túnica para a mulher e uma espécie de mantos com os quais cada um dos atores se cobria. Todas as peças possuíam cortes rústicos sugerindo produção artesanal. O casal atuava durante a maior parte do tempo no palco central, logo a relação de representação era a arena. Apesar do ambiente geral ser muito carregado, a cena, pautada no diálogo, era bastante despojada. Mesmo assim, um alto grau de plasticidade era garantido por meio da máxima exploração que os atores retiravam dos mantos, fazendo-os flanar como asas, enrolando-se neles, envolvendo um ao outro, ou simplesmente cobrindo-se com eles, com predominância para o uso dos mantos como invólucros. Tais ações pontuavam com ludicidade o diálogo infantil entre as personagens.

O diálogo reproduzia a maneira de as crianças conversarem. Lilbe falava como uma menina inocente, curiosa e vivaz. Fídio era tão infantil quanto Lilbe em suas colocações, mas, ao contrário da mulher, explicava as noções de bondade de forma muito séria. Como não tinham muita certeza sobre como atingir o ideal de bondade, Fídio lia na Bíblia a passagem sobre a criação do mundo. Lilbe lembrava que Fídio havia explicado a "história do cosmos" e a da "evolução", às quais Fídio rebatia como "coisas bobas". Quando Fídio descrevia o surgimento do homem e da mulher, eles chegavam a se emocionar, se abraçando. Lilbe, então, ficava incomodada com a idéia de que, dali por diante, não pudessem mais dormir juntos. O evidente duplo sentido implícito na palavra "dormir" contrastava com a puerilidade dos diálogos. Sem dissipar ambigüidades, o diálogo seguia com os exemplos mais banais de como proceder de acordo com as escrituras: não contando mentiras nem roubando laranjas na mercearia. Eles gostavam de se divertir no cemitério, o que Fídio julgava permitido, porém não poderiam mais "furar os olhos dos mortos" e tampouco "matar". Fídio insistia com Lilbe que era necessário que se tornassem bons e, mesmo não sabendo bem como atingir o objetivo, ele tinha "o livro" e, portanto, saberia como atingir seu ideal. A confiança em Deus era garantida com a leitura de uma passagem do Evangelho, na qual era narrado um milagre de Cristo, que devolvia a visão a um cego. A bondade, repetida já à exaustão, vinha comparada à pureza das crianças. Seguia-se um roteiro de dúvidas, questionamentos e manifestações de desânimo de Lilbe, contra os quais Fídio sempre encontrava uma justificativa para que continuassem a tentar. Uma boa alternativa seria que praticassem a confissão. O trecho seguinte merece transcrição:

Cemitério de automóveis, 1968. Lilbe (Ruth Escobar) e Fídio (Stênio Garcia). O casal pretendia seguir os preceitos bíblicos de bondade e compaixão, ainda que houvessem praticado um infanticídio (Arquivo Multimeios – Divisão de Pesquisas/Idart-CCSP).

Fídio – Nós devemos confessar.
Lilbe – Tudo?
Fídio – Tudo.
Lilbe – Até quando você me despia para que seus amigos dormissem comigo?
Fídio – Até.
Lilbe – E também que nós matamos? (*aponta para o caixão mortuário*).
Fídio – Também. Nós não devíamos tê-lo matado, nós somos maus. Precisamos ser bons.
Lilbe – Nós matamos pela mesma razão.
Fídio – Pela mesma razão.
Lilbe – Sim. Nós matamos para nos divertir. (Arrabal, s.d. (a))

Logo em seguida, retomavam as mesmas banalidades de modo a permitir alguma dúvida quanto à veracidade de seus atos. A violência e a inocência continuavam se interpenetrando. Fídio, com o mesmo comportamento de menino exemplar, rememorava o nascimento de Cristo, introduzindo situações inexistentes no Evangelho, como o acréscimo de balas e chocolates entre os presentes trazidos pelos três reis magos. Lilbe tinha oportunidade para mais uma manifestação de sadismo quando Fídio incluía, entre as boas ações que poderiam ser praticadas, a visita a um velho paraplégico. Lilbe perguntava se deveria matá-lo, para incômodo de Fídio, pois afinal, apesar de todo o seu didatismo, Lilbe não compreendia as lições e julgava, principalmente, que seria muito entediante e cansativo tornarem-se bons. Fídio porém insistia: "Mas nós tentaremos". Encerrava-se *A primeira comunhão*.

A transição para a 1ª parte de *Cemitério de automóveis* voltava o foco para as carcaças. Uma mulher, sozinha em cena, tocava uma sineta, ordenando um toque de recolher. Do interior dos carros, ouviam-se vozes protestando. O desenrolar da ação determinava que cada carro fosse usado como um quarto de hotel de baixa categoria. O "gerente" do hotel era Milos, que atendia servilmente até aos mais estranhos desejos dos clientes como, por exemplo, tomar cachaça no café da manhã. Em outro ponto do espaço cênico, um casal cortava a cena correndo como num treino de atletismo. O ritmo dos movimentos do homem, Tiosido, era determinado pelos comandos da mulher, Lasca, como se esta fosse sua treinadora. O papel de Lasca não era interpretado por uma atriz, mas por um robusto ator travestido. Quando estas personagens saíam de cena, Milos ordenava a Dila: "Vá fazer o que eu lhe disse!". Dila suplicava para não precisar atender à ordem, ao menos naquele dia. Em represália, o homem exigia que ela estendesse a mão e batia violentamente em seus dedos com uma régua. Resignada, ela passava de carro em carro, oferecendo beijos aos "hóspedes", que nem sempre queriam recebê-los. Depois de ver atendidas as suas ordens, Milos passava o braço sobre os ombros de Dila e entrava com ela em seu carro.

Emanou, interpretado pelo mesmo ator que fizera Fídio, no episódio anterior, surgia acompanhado por dois companheiros empoleirados sobre as carcaças pendentes do teto. Por meio do diálogo, sabia-se que Emanou tocava pistão para os pobres, acompanhado por Fodere, o mudo, ao saxofone, e Tope ao clarinete. Os figurinos se assemelhavam aos da cena anterior, feitos com tecidos grosseiros em tons escuros e com as costuras aparentes. Os cortes irregulares se prestavam a sobreposições que forneciam um aspecto surrado, compondo uma unidade com o ambiente formado pelas sucatas. Emanou usava calças compridas e uma simples camiseta regata esgarçada e manchada. Dila usava um longo vestido, igualmente feito de retalhos. A indumentária não trazia informações precisas sobre as personagens no que se refere à determinação temporal ou geográfica e tampouco as hierarquizava. Era composta por peças feitas manual e toscamente, sugerindo produção artesanal.

"Tocar para os pobres se divertirem" era uma atividade clandestina e, por isso, o trio vivia fugindo da polícia. Tope guardava uma certa correspondência com Lilbe, de *A oração*, na medida em que duvidava que houvesse sentido nas atividades que praticavam. Por sua vez, Emanou, tal como Fídio – inclusive com o mesmo tom infantil – demonstrava que tocar para que os pobres pudessem dançar correspondia às lições de bondade que ele sabia de cor:

> Porque sendo bom "sente-se uma alegria interior que provém da tranqüilidade que o espírito emana ao sentir-se semelhante à imagem ideal do homem".

Cemitério de automóveis, 1968. Emanou (Stênio Garcia) sobre uma das carcaças de automóveis. Uma paródia do Cristo (Arquivo Multimeios – Divisão de Pesquisas/Idart-CCSP).

Como as personagens do episódio anterior, os três músicos demonstravam não compreender profundamente os preceitos religiosos com os quais discursavam, pois o que os impedia de praticarem assassinatos e roubos não eram princípios éticos ou morais, mas simplesmente porque achavam isso "muito complicado". Em meio a esse diálogo, ouvia-se uma buzina e Milos atendia ao "cliente" que exigia uma mulher. Milos, então, arrastava Dila até o carro, entregando-a ao hóspede como se ela não passasse de um objeto. Os músicos voltavam a conversar, procurando alguma alternativa de trabalho além daquele que até então vinham praticando, sem chegar a nenhuma conclusão. Lasca e Tiosido, o atleta e sua treinadora, voltavam a cruzar o espaço cênico, com a mulher exigindo esforço crescente do homem. A atenção do público voltava-se, novamente, para o trio de músicos. Emanou explicava que aquele era um trabalho provisório, existindo enquanto não encontrassem algo que fosse melhor para os pobres e menos cansativo para eles, músicos. Nisso, ouviam-se gritos vindos de fora da cena, exigindo a presença dos instrumentistas. Emanou pedia a seus companheiros que fossem na frente, alegando que precisava terminar uma carreira de tricô retirada de uma bolsa que trazia. Na verdade era um pretexto para encontrar-se com Dila, que estava no automóvel com o "hóspede". Ao sair do carro e ver Emanou, antes mesmo que este se manifestasse, Dila chamava a atenção para o ciúme de Milos. Emanou sugeria que, caso fossem vistos, alegassem que estavam brincando de "mocinho e bandido". Os dois, então, se escondiam atrás dos carros e Milos, vendo o que acontecia, chamava os "hóspedes" para que assistissem à sua mulher, tornando a situação que se passava atrás dos carros um espetáculo cômico para seus clientes. Novamente, cortava a cena o atleta com sua treinadora a incentivá-lo, alegando que estavam próximos de bater o recorde. Voltando de trás dos carros, Dila e Emanou mantinham um diálogo que revelava que seus encontros eram regulares. Mesmo assim, Dila queria saber mais sobre Emanou, que explicava sua história desde o nascimento, idêntica à vida de Cristo, com exceção da pregação, substituída pela música. Momentos antes, Fodere revelara que os policiais ficaram muito bravos por Emanou ter distribuído "pão e latas de sardinha" em um dos bailes que os músicos animavam, parodiando o milagre da multiplicação. Emanou deixava Dila para juntar-se aos amigos, em apuros por sua ausência no baile. Com a saída de Emanou, Milos e os hóspedes eram flagrados bisbilhotando o encontro da mulher com seu amante. Nesse momento, Dila revertia a situação de submissão a que, até então, estivera submetida, agredindo Milos e ofendendo os clientes. Uma vez mais, Tiosido e Lasca cortavam a cena na corrida sem objetivos que executavam, até que o homem desmaiava. Lasca o reanimava e, conseqüentemente, Tiosido propunha que se hospedassem no hotel para que fizessem amor. Nesse instante, ouviam-se apitos, gritos e correrias vindas de fora de cena. Enquanto Milos fazia os acertos para a hospedagem do casal, os três músicos, constantemente, atravessavam o espaço cênico em fuga. Dila saía em defesa de Emanou, de tal forma que, pelas suas palavras, o espectador sabia que ele e seus amigos tinham a polícia em seu encalço, encerrando o episódio.

A dinâmica da cena exigia que o espectador deslocasse o olhar por toda a área de atuação; as relações de representação eram variáveis, passando pela arena, semi-arena e cena panorâmica. As personagens surgiam em trechos muito curtos e rápidos, como *flashes*. O casal de atletas, por exemplo, passava correndo sobre as rampas e o mezanino justificando, pois, o uso das cadeiras giratórias; e, entre as carcaças, as cenas ocorriam alternadamente em diferentes pontos do conjunto. Se, no primeiro episódio, as sucatas serviram como pano de fundo, aqui elas adquiriam muito maior carga simbólica. O automóvel em estado de ferro-velho sugeria a baixa categoria do "hotel", signo reiterado pela ação dramática. Os hóspedes, conhecidos somente pelas suas vozes, faziam com que o espectador enxergasse as situações a partir da perspectiva dos funcionários do hotel, Milos e Dila, cuja função era atender aos desejos da clientela, sem atrapalhar sua privacidade.

Terminada a primeira parte de *Cemitério de automóveis*, um dos carros que pendia do teto era descido por uma polia até atingir o praticável inclinado. Dois halterofilistas, atores/contra-regras do espetáculo, empurravam o carro pela rampa até que fosse atingido o palco central; inesperadamente, o teto do carro se erguia e caía para trás, as laterais se desmontavam e de seu interior surgiam uma mulher e dois homens, iniciando *Os dois carrascos*. Do interior do carro, a mulher se dirigia aos halterofilistas e informava, sem maiores detalhes, que seu marido era "culpado" e entregava-lhes o endereço dele. Os carrascos saíam e Conceição – no texto original era Francisca – chamava seus filhos, Maurício e Benito, que ficaram enrodilhados entre as ferragens do carro. Um poderoso efeito visual era conseguido pela caracterização dos algozes: dois gigantes vestindo grossos e longos aventais e com o rosto coberto por máscaras de segurança no modelo das usadas por operários de soldagem pesada, que lhes retiravam a identidade, desumanizando-os e fazendo com que parecessem robôs. O carro desmontável assumia a função de abrigo, cujas reduzidas dimensões remetiam às parcas acomodações daquela família. Os filhos estavam caracterizados com o mesmo modelo de trajes masculinos apresentados nas cenas anteriores. O ator que fazia Emanou agora interpretava Maurício, propondo uma ligação entre essas personagens.

Logo em suas primeiras intervenções, a mãe queixava-se do filho Maurício e elogiava Benito. Este apoiava integralmente a mãe e repreendia o irmão, que se mantinha calado. Conceição desfiava, então, o mais extenso rosário de lamentações, apelando para todos os sacrifícios maternos e "jogando-os na cara" de Maurício, considerado um ingrato, tal qual o marido. Benito ficava comovido e interrompia a ladainha da mãe para se solidarizar com seus sacrifícios e exigir consideração por parte do irmão, que permanecia sempre em silêncio. A mudez de Maurício só seria quebrada com a entrada dos dois carrascos trazendo João Laguna, o pai, preso num "pau-de-arara" e levado para entre as sucatas. Maurício questionava a mãe sobre o que representava aquela situação, acusando-a de ser cúmplice da "tramóia". Benito tomava partido de Conceição, ameaçando Maurício. Conceição repreendia Benito, encontrando pretexto para mais autocomiseração. Seguia-se uma discussão em que Conceição acusava João de ter sido responsável por seus sofrimentos, tanto quanto Maurício. Do meio das carcaças, ouvia-se som de chibatas e gemidos. Maurício concluía que estavam torturando seu pai e insultava Conceição, julgando-a culpada pelo que ocorria. Conceição acabava confessando que entregou João aos carrascos, mas, falando diretamente ao marido, dizia que aquilo serviria para "forjar sua vontade". Maurício não suportava que a mãe atormentasse ainda mais o torturado. Além de continuar a criticar o homem, mesmo em seu suplício, Conceição ainda descrevia ao filho, com requintes, os flagelos que deviam estar provocando a dor do pai. O conflito entre Benito e Maurício chegava às vias de fato, servindo para mais arengas da mulher. Surpreendentemente, diante da indignação de Maurício, Conceição prometia atender aos sofrimentos de João, porém sadicamente arranhava as feridas do supliciado e esfregava sal e vinagre nelas, para desespero de Maurício. Os irmãos voltavam a se atracar e, em seguida, cessavam os gemidos. Após o silêncio, os carrascos

Cemitério de automóveis, 1968. Sobre o carro, Benito (Seme Lutfi), observava o pai João Laguna (Renato Dobal) sendo amparado pelo irmão Maurício (Stênio Garcia) (Arquivo Multimeios – Divisão de Pesquisas/Idart-CCSP).

saíam carregando o corpo do pai. O amontoado de carcaças havia se transformado na sala de torturas, do interior da qual era retirado João Laguna, usando somente uma sunga, parecida com a que Fídio, Emanou e a criança assassinada haviam usado nos primeiros episódios.

Conceição ainda se aproximava do cadáver para lamentar o ocorrido. Maurício acusava a mãe pela morte dele, e ela se defendia dizendo que o marido havia "comprometido o futuro de seus filhos e da sua mulher". Maurício não se deixava enganar, porém Conceição arrematava a situação alegando que já havia dito a João que, se ele continuasse seguindo pelo "mesmo caminho", acabaria deixando sua mulher viúva e seus filhos órfãos. Benito amparava o irmão, em tom conciliador, e, ao final, resignado, Maurício ainda pedia perdão à mãe.

Após o intervalo, retomava-se a segunda parte de *Cemitério de automóveis*. Emanou, Fodere e Tope apareciam dormindo e eram acordados por Dila, que avisava que a polícia continuava a persegui-los. O tempo real, entre o fim do intervalo e o início do terceiro episódio, equivaleria, no tempo teatral, à passagem da noite. Reservava-se, para esse segundo ato, uma repetição das situações do primeiro: os pedidos inusitados e escatológicos dos clientes, a sujeição de Dila e a violência de Milos. Tiosido e Lasca também voltavam à cena, saídos do automóvel em que estavam hospedados, mas, desta vez, não como atletas e sim vestidos como policiais. Ao contrário da cena anterior, o homem exigia exercícios de Lasca que, por sua vez, demonstrava cansaço. Tope, que se perdera de Emanou e Fodere, se aproximava do casal e indagava sobre uma recompensa que seria paga a quem denunciasse Emanou. Confirmada a remuneração, ficava combinado que Tope, ao encontrar Emanou, beijaria o companheiro para que ele não fosse confundido com Fodere. Em meio a essa confusão, nascia uma criança. Em vários pontos do espaço cênico, apareciam alternadamente Emanou e Fodere, procurando Tope, e este, por sua vez, seguia o casal trajado como policiais. Cansado de procurar o companheiro, Emanou recorria a Dila em busca do paradeiro de Tope, que, em seguida, aparecia fatigado, alegando que também estava à procura de Emanou. Nesse encontro, aproveitando a pausa na frenética situação que vinha ocorrendo, Emanou oferecia amêndoas aos amigos dizendo que, caso fosse preso, poderiam lembrar-se dele ao comê-las. Nesse momento, Tope, ao notar a presença de Lasca e Tiosido, beijava Emanou, denunciando-o. No momento em que Emanou era agarrado, Fodere era ameaçado pelos policiais, mas quando perguntado se conhecia o preso, por três vezes, balançava a cabeça negativamente. Tiosido lavava as mãos em uma bacia trazida por Milos, e Emanou, levado ao mezanino, era torturado e crucificado em uma motocicleta. A imagem de Emanou, somente vestido com a sunga de couro, fechava o ciclo das personagens sacrificadas do espetáculo: a personagem anônima de *A oração*; João Laguna, em *Os dois carrascos* e, contraditoriamente, a imagem final de Emanou, exatamente a mesma de Fídio. Paralelamente ao suplício, as demais personagens visitavam a criança nascida, sem nenhuma preocupação com o que ocorria com Emanou.

Cemitério de automóveis, 1968. A Menina (Margot Baird) recebe os conselhos da Avó (Assunta Perez). O ritual de passagem da infância para a vida adulta era substituído pelo encaminhamento à condição submissa de esposa (Arquivo Multimeios – Divisão de Pesquisas/Idart-CCSP).

A primeira comunhão apresentava, simultaneamente, três situações. Enquanto Emanou era torturado pelos algozes, uma jovem seminua era trazida à cena sobre uma polia horizontal, formada por uma calota de automóvel com pequenos rodízios. Uma barra de ferro foi soldada perpendicularmente numa tangente da calota para que a atriz se equilibrasse apoiando os quadris sobre ela. Por meio de uma corda que passava ao redor da calota, a Menina, imóvel da cintura para baixo, era movimentada semicircularmente, o que lhe dava a aparência de uma boneca de caixinha de música. Ela contracenava com a Avó, personagem absolutamente antinaturalista. A atriz usava uma peça única em forma cônica, com aberturas para os braços. A maquiagem, inteiramente prateada, oferecia a aparência de um andróide. Em cada mão, a Avó trazia pratos musicais. A fala da mulher, monocórdica e anódina, era entrecortada pelo soar dos pratos e pelo som de um reco-reco, tocado por um terceiro personagem, que mantinha o instrumento na altura do sexo. Ela dizia:

> E você se transformará numa mulher. A partir de hoje você terá de dar *(corte)* o exemplo de sua conduta a todo mundo. Eu já vou lhe ensinar tudo que uma mulher deve saber. Um dia você se casará... (Arrabal, s.d. (b))

Cemitério de automóveis, 1968. As cenas ocorriam simultaneamente ao redor do espectador e no centro do espaço cênico (Arquivo Multimeios – Divisão de Pesquisas/Idart-CCSP).

O soar do reco-reco isolava a palavra *dar*, vulgarmente utilizada como entrega sexual, o que contradizia o conteúdo moralista dos conselhos. Assim seguia-se a listagem dos "deveres da boa esposa", começando pelo casamento. Caberia à mulher, segundo os conselhos tradicionais, cuidar da aparência do marido, da cozinha e da limpeza da casa. A Menina, por sua vez, resumia-se a responder: "Sim, querida mamãe". O personagem que empunhava o reco-reco – apresentado no programa do espetáculo como "contra-regra macho" – se ocupava, também, em paramentar a Menina com uma parte de um vestido branco, a cada consentimento dado aos conselhos. Simultaneamente, na rampa superior junto das paredes, dois contra-regras carregavam uma mulher semidespida, envolvida por uma cobra verdadeira, perseguida vorazmente por um homem, o Necrófilo. Logo, para este episódio, as relações de representação eram a arena e a panorâmica, simultaneamente. Em meio aos conselhos da Avó, a Menina perguntava o que o homem possuía entre as pernas. A mulher seca e rapidamente respondia que era seu sexo, retomando os seus modorrentos conselhos. Ao final da fala da Avó, o vestido da comungante reproduzia a forma de um bolo de noiva, sem a primeira fatia, retirada exatamente à frente do corpo da atriz.

    O ambiente se fundia à personagem da Avó pela cor metálica e pelo corte da vestimenta que eliminavam dela qualquer aspecto orgânico. A sensação era que de se tratava de um ser inteiramente feito de metal. Se a Avó era rígida, angular e repulsiva, a Menina possuía formas suaves e curvilíneas, mas era igualmente desprovida de sensualidade, aparentando ser feita de plástico, inclusive pela posição dos braços semi-abertos, como as bonecas industrializadas. As dimensões ampliadas da Avó se sobrepunham às da Menina, aludindo o domínio que a primeira exercia sobre a outra. A doutrina professada, ao descartar qualquer referência à sexualidade, procurava preservar a imagem de boneca, referência à infantilidade e à pureza, valores característicos da formação católica. Sugeria-se que, aceitando aqueles dogmas, a Menina passaria, de boneca de plástico, inexoravelmente, à condição de frígido andróide metálico, sem nunca passar pela condição humana. Em oposição, à sua volta girava toda uma série de alusões sexuais; uma revolta dos instintos contra a repressão doutrinária. Essa idéia foi fortemente construída pela ação panorâmica que permitiu que uma cena fosse envolvida pela outra. A voracidade sexual do Necrófilo circundava a cena central, comprometendo a atenção que o espectador quisesse dispensar aos conselhos da Avó. A cobra que a Morta levava enrolada junto do corpo tanto remetia ao pecado original quanto possuía a forma fálica. Mas a sexualidade não estava somente a distância, pois o "contra-regra macho" empunhava o reco-reco numa ostensiva alusão fálica. Ao ser concluída a paramentação, a imagem da Menina sugeria que a repressão à sexualidade era incontrolável, fazendo com que a forma triangular da fatia do bolo, retirada da frente do vestido – uma fenda enorme e escura, contrastante com o branco do vestido – parecesse uma ampliação da vagina da comungante. Ao final, a rigidez doutrinária, ao submeter todo impulso humano, mais do que subjugar os desejos, gerava, essencialmente, a violência. A Avó saía de cena e, ao lado da Menina, os contra-regras colocavam a Morta, permitindo que o Necrófilo a alcançasse. A Menina, atraída por aquele "apetite feroz", se aproximava do amante e enterrava um punhal em suas costas, manchando seu vestido branco com sangue. Emanou, então, era conduzido crucificado na motocicleta, numa procissão formada pelas demais personagens, encerrando o espetáculo.

O DESTINO URBANO

Cemitério de automóveis possuía a dimensão trágica que corresponde à submissão do homem – mesmo os mais capacitados, os heróis – aos desígnios do destino. O destino, por sua vez, simboliza os poderes incontroláveis da natureza ou as forças irracionais que agem sobre o indivíduo. A função da fábula, do mito, é alertar o homem quanto aos poderes do destino. O Cristo narra a fábula da submissão aos desígnios da lei dos homens. O destino se cumpre contra a reação às instituições políticas, o Império Romano, e às religiosas, o Sinédrio, por meio da intervenção humana: a delação. A paranóia, estimulada pela fábula cristã, sugere que o homem que ameaça as instituições fatalmente será submetido ao destino pela intervenção daqueles homens que aparecem como seus aliados. Nos tempos contemporâneos, a delação não era apenas resultado da fraqueza humana suscetível à corrupção, mas, também, arrancada por meio da tortura. Listar os movimentos de insurreição desbaratados pela delação é desnecessário. Entre nós, tal tema estava na ordem do dia desde abril de 1964. Por outro aspecto, o desenvolvimento industrial e tecnológico expressava-se na arte desde as primeiras décadas do século como uma força devastadora que substituía a ação trágica da natureza. A máquina é identificada com o demoníaco, com o destruidor, com uma quimera dotada de poderes autônomos. Esse era um tema de vanguarda que procurava determinar a necessidade de revisão à expansão do industrialismo. Encontraremos esse tema especialmente na arte expressionista alemã: *Metrópolis*, de Fritz Lang; *O Golem*, de Wegener, no cinema; e *Gas*, de Georg Kaiser, no teatro (Subirats, 1991, p.23-46). Em 1968, o tema continuava atual. A *Folha de S.Paulo* noticiava a "ameaça de autodestruição" que pairava sobre a humanidade, diante da crescente contaminação do meio ambiente, fruto – entre tantas outras razões ligadas ao processo industrial – do desperdício de recursos que vinha provocando, só nos Estados Unidos, "165 toneladas de desperdícios sólidos por ano". A matéria ainda informava: "os 'cemitérios' de automóveis enfeiam nossas paisagens; as chaminés fumegantes e escuras contaminam o ar; as garrafas, latas vazias e outros objetos imprestáveis criam montanhas de lixo. Em zonas depauperadas, o lixo dá lugar aos ratos, à enfermidade e à sujeira" (Wood, 7 dez. 1968). Em outra edição, o mesmo jornal se referia à dificuldade que a sociedade americana vinha enfrentando com os carros abandonados que já chegavam a trinta mil, somente na cidade de Nova York (Os EUA sentem o problema..., 4 dez. 1968).

O *Cemitério de automóveis* era um ambiente hostil que rodeava o homem por todos os lados, fruto de uma sociedade em que as caras conquistas da racionalidade e do domínio da técnica sobre o meio ambiente criaram uma outra natureza, que se tornava evidente quando o trio de músicos se pendurava nas sucatas como se fossem árvores, e eles, primatas. O machismo de Milos, a prostituição de Dila, a mesquinharia dos hóspedes, a traição de Tope, a negação de Fodere; tudo remetia à idéia de que as máquinas se desenvolveram e se deterioram enquanto o homem não evoluiu. Essas são as duas linhas gerais a partir das quais parece ter se desenvolvido o espetáculo e a utilização do espaço cênico. O automóvel retratava o declínio das promessas de felicidade oferecidas pela máquina que, segundo os arautos do progresso, estaria a serviço do bem-estar social. A ação era atemporal, mas a deterioração e a fragmentação dos objetos remetiam menos a um passado ou presente contínuo do que ao futuro, proposto pela ação do tempo sobre os objetos.

As carcaças de automóveis eram sugeridas pelo autor apenas em *Cemitério de automóveis*, propriamente dito, mas a extensão do tema aos outros episódios, tendo o aspecto opressivo do cristianismo como alicerce, promovia a unidade entre as peças. A Igreja estava presente, mas não era vista, pois se encontrava no discurso; as personagens eram seus porta-vozes. As lições de bondade e solidariedade, extraídas do ideário cristão, produziam o seu reverso, pois em nome de Deus, ou banalizando seu significado, toda sorte de atrocidades era cometida: infanticídio, delação e tortura. A crítica ao catolicismo não pretendia resgatar seus fundamentos, pois Emanou não representava um ideal, um exemplo ou um salvador por assumir o mesmo papel do Cristo; ao contrário, seu sacrifício era apresentado como inútil. Nesse ponto, a experiência de Victor Garcia se afastava de Grotóvski, encenador polonês com o qual foram estabelecidas ligações. O *teatro pobre* pretendia ressacralizar o teatro em busca dos mitos coletivos encontrados no passado. Garcia, ao contrário e atendendo a Arrabal, dessacralizava, até mesmo ridicularizava, esses mitos. A leitura da Bíblia era uma brincadeira em *A oração*; a figura materna, tão cara ao catolicismo como símbolo da bondade, aludida pela pureza da Virgem Maria, era dissimulada e cruel, em *Os dois carrascos*; o ritual de passagem da vida infantil não se processava pela obtenção da condição de mulher e na maturidade sexual, mas na submissão como esposa, em *Primeira comunhão*. Além disso, Grotóvski apelava para um trabalho absolutamente despojado e calcado num intensivo trabalho de ator, portanto absolutamente distanciado de Victor Garcia.

Voltando à questão temática, praticamente todas as personagens eram algozes, até mesmo Emanou que, ao final, como já apontamos, adquiria a mesma imagem que Fídio possuía no primeiro episódio. Os fundamentos da moral cristã eram os responsáveis pela violência gerada. Por outro aspecto, tanto a máquina quanto o cristianismo apareciam como exteriores às personagens, denunciando como a industrialização e a religião eram impostas aos povos. Não seria difícil estabelecer um paralelo, sobretudo pela seminudez de Fídio/Emanou, com as populações indígenas, no passado vítimas da catequese e, naquele momento, da industrialização que recolonizava o Hemisfério Sul. À distância, era possível estabelecer um elo com Artaud, não no sentido de algum tipo de inspiração, mas quanto à sua crítica à sociedade européia "falida" contra a qual ele sugeria um retorno à cultura dos povos considerados primitivos. No entanto, o avanço da industrialização atirava esses povos ao fundo do poço, pois destruía suas técnicas de aproveitamento da natureza, suas relações éticas e a possibilidade de serem felizes. Essa mesma imagem da indústria, como força devastadora, afastava também o espetáculo de Victor Garcia de Meyerhold, como foi sugerido por João Apolinário (12 out. 1968) e Carlos Alberto Christo (22 out. 1968). Plasticamente, o teatro do encenador russo se compunha pela geometrização abstracionista, emprestada da pintura do suprematismo. Do ponto de vista conceitual, Meyerhold exaltava a máquina, pois ele integrou a Vanguarda Russa, animada pela Revolução de 1917, que pretendia livrar o homem do domínio capitalista, herdando as conquistas deixadas pelo sistema. O caráter acrobático necessário à atuação do ator meyerholdiano era uma extensão do domínio dos meios industriais de produção, denominado "biomecânica". Com relação ao espaço cênico, Meyerhold rompeu com o enquadramento, mas não com a frontalidade, enquanto a plástica de Garcia era volumétrica e suja; a máquina era apresentada como decadência e o ator era ágil por se encontrar ainda muito próximo da sua condição primitiva.

Como vemos, se a problemática social justificaria uma aproximação com o *happening*, um fator essencial lhe foi retirado: a efemeridade. Esse caráter efêmero era o que determinava também seu aspecto ritual. As megalomanias, como aquelas citadas no espetáculo de Arrabal, eram destinadas a um evento único. Entende-se portanto a disposição de Victor Garcia para criar o ambiente e permitir que a situação ocorresse livremente conduzida pelo ator. A questão do ambiente nos *happenings* era igualmente importante na medida em que um palco estabelece a delimitação entre o atuante e o espectador. Alguns rituais podem ser assistidos, mas, geralmente, não visam envolver o espectador apenas pelo encantamento visual, e sim por meio da participação ativa, pelo entrar em cena. Em *Cemitério de automóveis*, o espectador estava envolvido *pela* encenação, o que não garante que ele estivesse envolvido *com* ela e, tampouco, as cadeiras permitiriam que ele pudesse se envolver *na* encenação.

Em síntese, as denúncias de *Cemitério de automóveis* guardariam grande correspondência com o momento histórico pelo qual o Brasil passava. A delação, a tortura e a aliança da ala mais conservadora do cristianismo com a repressão estavam na ordem do dia. O espetáculo deveria ter servido de alerta para os problemas de uma industrialização desordenada que vinha se esboçando. Não se tratava, como imaginou a crítica, de "um delírio de imaginação", era um problema social que estava acometendo os países do chamado "Primeiro Mundo", tratado na mesma dimensão de problemas ontológicos. O *Cemitério de automóveis* foi inspirado nos HLM franceses,[13] cuja melhor tradução encontrada por Garcia foi favela (Kruse, 26 ago. 1968). A encenação colocava em cena gente excluída, vivendo em condições sub-humanas, presas ao misticismo e tratando-se de forma altamente violenta. No entanto, ao omitir os agressores, e não historicizar as situações, a montagem de Garcia reiterava a imobilidade proposta pelo texto. As personagens, inconscientes de que eram vítimas das condições que as oprimiam – expressas no espaço cênico – continuavam se autodestruindo. O espectador, por sua vez, via apenas o resultado do processo da opressão e não lhe era apresentada nenhuma saída, res-

---

13 Habitation à Loyer Modéré: conjuntos habitacionais destinados à população carente que passaram a ser construídos na França após a Segunda Guerra Mundial.

tando a impressão de que a violência era gerada espontaneamente diante das falhas de caráter das próprias personagens ou tragicamente regida por forças desconhecidas sobre as quais não haveria nenhum controle. A ação se processava em círculo.

A despeito, ou justamente por causa, de polêmicas e controvérsias a encenação de Victor Garcia foi uma empreitada de sucesso, garantindo o prêmio de melhor direção da temporada pela APCT e o Prêmio Governador do Estado, de melhor espetáculo. *Cemitério de automóveis* ficou no Teatro Treze de Maio até 10 de agosto de 1969, totalizando um ano e dois meses em cartaz, e foi remontada no Rio de Janeiro, em 1970. As informações aqui relatadas parecem suficientes para demonstrar a importância do espaço cênico para o desenvolvimento das encenações e da união de Victor Garcia e Ruth Escobar como um passo fundamental naquilo que foi a experiência do teatro de *vanguarda* no Brasil.

***

A palavra *vanguarda* é variante do original francês *avant-garde*; união de *avant*, que designa à frente, à dianteira, antes, primeiro que; e *garde*, guarda, sentinela, vigilância, proteção. Traduzido simplesmente como *vanguarda*, seu significado primário é de origem militar; em língua portuguesa, designa a "extremidade dianteira" de unidade ou subunidade em campanha. Em seguida vem seu sentido genérico, "frente, testa, dianteira"; e suas acepções sociais, "a parcela mais consciente e combativa, ou de idéias mais avançadas, de qualquer grupo social" e "grupo de indivíduos que, por seus conhecimentos ou por uma tendência natural, exerce o papel de precursor ou pioneiro em determinado movimento cultural, artístico, científico etc." (Ferreira, 1986, p.1752). Nesse sentido, a *vanguarda* não se encontra limitada histórica e temporalmente, pois sempre houve propostas que se anteciparam à maioria de um grupo social. "Personalidades inovadoras, artistas que se adiantaram a seu tempo, que romperam com os estilos consagrados, não são raros na história da arte desde quando se tornou possível identificar a autoria da obra. Eurípedes, Giotto, Dante, Rembrandt, são exemplos disso" (Gullar, 1978, p.27). Nessa perspectiva, as teorias astronômicas de Copérnico foram tão vanguarda em seu tempo quanto foi a descoberta do microchip no nosso. Em outras palavras, em termos genéricos, sempre existiu e sempre existirá uma vanguarda. Se aceitarmos como sendo esta a atribuição dada aos espetáculos estudados, seria necessário estabelecer um critério que determinasse o grau de ineditismo das experiências de Victor Garcia. Como já foi dito, não encontramos nenhum registro de montagem brasileira que adotasse um tipo de ambientação teatral como a que verificamos em *Cemitério de automóveis*, mas essa situação isolaria ainda mais a questão do espaço cênico do conjunto da encenação e não daria conta da explicação quanto ao que representa a experiência de vanguarda no contexto de nossa produção artística. Parece-nos mais razoável a aproximação com um sentido bastante particular do termo compreendendo as Vanguardas Artísticas.

As chamadas Vanguardas Artísticas classificam um fenômeno estético que integra um movimento mais amplo conhecido como modernismo, intimamente ligado a dois fatores: o capitalismo e o desenvolvimento tecnológico e industrial. Esses movimentos surgem por volta de 1910, preocupados "não mais em modernizar ou atualizar, e sim em revolucionar radicalmente as modalidades e finalidades da arte" (Argan, 1995, p.187). Não pretendemos aqui aprofundar quais são as características estéticas de cada um dos movimentos que compõem as Vanguardas Artísticas. Essa tarefa já foi elaborada de forma competente por vários autores e seus pressupostos são relativamente conhecidos. Nossa intenção é ressaltar o caráter revolucionário evocado acima com base em estudos efetuados por alguns teóricos.

A vinculação entre o termo vanguarda e a produção artística se antecipa em relação ao modernismo, podendo ser encontrada na primeira metade do século XIX. Suas raízes históricas têm lugar no instante em que um conjunto de produtores culturais e artísticos assumem uma posição determinada na vida social e política, colocando-se à frente (ou ao lado) das forças populares em confronto com o poder estabelecido. Segundo as teses defendidas por Mario de Micheli (1991), surge na Europa, nos trinta anos que antecederam 1848, tendo a França como palco irradiador, a unidade revolucionária que influenciou praticamente todo o pensamento europeu, em favor do aprofundamento das proposições difundidas pela Revolução Francesa. A histórica união entre burgueses e povo pôs fim ao Antigo Regime francês, mas um novo conflito de classes começa a se estabelecer, visto que os preceitos simbolizados pela bandeira tricolor exigiam considerar a nova classe emergente, o proletariado. No entanto, tão logo a burguesia se vê no poder, "prepara-se para defendê-lo, de todo e qualquer ataque" (Micheli, 1991, p.39). Em 1848, Luís Bonaparte se instala no poder, reprimindo as aspirações revolucionárias e instituindo, em 1851, o Segundo Império, com caráter de Restauração. "O desapontamento dos democratas e a desilusão geral provocadas por estes acontecimentos têm a sua perfeita expressão na filosofia das ciências naturais, objetivas, realistas estritamente empíricas" (Hauser, 1982, p.944-5). O sentido objetivo e a "combustão revolucionária" das primeiras décadas do século XIX põem fim à arte pela arte e à procura do artista pelo passado e pelos valores mitológicos, motivando o surgimento do realismo. Para Hauser, "Naturalismo, como estilo artístico, como atitude filosófica, é coisa perfeitamente definida, mas distinção entre naturalismo e realismo, em arte, só complica a situação" (ibidem). Nestes termos, as características do naturalismo são "anti-românticas e morais: a recusa de fugir à realidade e a exigência de absoluta honestidade na descrição dos fatos; o procurar conservar uma atitude impessoal e impassível como garantias de objetividade e de solidariedade social" (ibidem p.944-5). O trabalho do homem do campo e das cidades, a dureza dos ofícios passa a ser o tema de artistas como Courbet, Michelet, Namier, Daumier, Milliet, Verlaine e Rimbaud, homens que se empenham diretamente não só no plano da representação simbólica, própria da arte, mas em marcha, nos campos de batalha e envolvidos com a Comuna de Paris. A moderna noção de povo, o socialismo científico, os conceitos de liberdade e de progresso foram assumidos radicalmente por esses artistas numa perspectiva utópica; foi nessas circunstâncias que o termo vanguarda foi utilizado pela primeira vez. No entanto, a Comuna de Paris teve um desfecho trágico (Micheli, 1991, p.15). Em 1871 finda toda a esperança de tornar concretos os sonhos de liberdade e objetividade dos naturalistas. Diante desse quadro, Micheli acredita se desenvolver toda a base para o surgimento das Vanguardas Artísticas, ou seja, um panorama de desesperança.

Uma vez reprimidas as forças revolucionárias, mas sempre vigilante, a burguesia seguiu seu caminho, acumulando o capital e investindo em formas cada vez mais eficazes de redução dos custos de produção, o que significava baixos salários, número excessivo de horas de trabalho e crescente mecanização. O sucesso da burguesia como classe dominante a difundir seus valores baseados no acúmulo de bens e na exploração da classe operária, na hipocrisia e no controle da conduta moral, criavam uma geração de insatisfeitos que negavam os valores da sociedade ou dela fugiam. Toulouse-Lautrec, Verlaine, Rimbaud, Van Gogh, Edward Munch e James Ensor, entre outros artistas, fizeram parte de uma legião de bêbados, andarilhos, vagabundos e desajustados que faziam de sua vida um protesto contra a burguesia e integraram o que Mario de Micheli chamou de "mitos de evasão" (1991, p.30ss.).

Nada disso impediu que a burguesia seguisse vitoriosa o seu caminho, fazendo proveito do desenvolvimento da técnica e da ciência aplicada à indústria. Grande parte do campesinato e dos artesãos foi sendo incorporada às fábricas e as cidades se tornaram cada vez maiores. Fazia-se necessária a criação de ciências que racionalizassem o ambiente urbano; surgiam a Sociologia e o Urbanismo. A máquina se incorporava ao cotidiano das pessoas: as ferrovias, os automóveis, a fotografia, o ciclismo. O tempo e o espaço passavam a se relativizar. A influência da vida moderna sobre a estética pode ser observada, por exemplo, na pintura impressionista, placidamente empenhada em representar as formas fugidias provenientes da transitoriedade da luz; a dinâmica da máquina a vapor; a gradativa substituição da tração animal pelo motor; o fluxo da vida urbana.

No alvorecer do novo século, fomentava-se, igualmente, a dinamização dos estatutos éticos em reação, afirmativa ou negativa, ao modernismo, o que representava assumir uma posição diante da burguesia e do desenvolvimento industrial. Os movimentos artísticos surgidos nesse contexto guardavam em comum a intenção não simplesmente de produzir obras de arte, mas sim de elaborar projetos de orientação global que incorporavam as ordens social e política por meio de recursos sofisticados e dinâmicos. O apelo ao "futuro" fora uma constante. "Embora marcado por especificidades próprias, cada movimento tem a intenção de interferir no presente e no passado imediato, propondo a eles uma releitura demolidora, e, ao mesmo tempo, erigindo um projeto de arte para o futuro" (Garcia, 1997, p.16); "foram as vanguardas que definiram e sancionaram a consciência histórica da cultura moderna, ou seja, sua relação com o passado, e sua radical orientação para as empresas futuras e para um indefinido progresso" (Subirats, 1991, p.48).

Essa relação com o futuro e com o progresso não se apresentava de forma unívoca. No futurismo italiano, ela se expressava na própria definição do movimento, empenhado em romper qualquer identidade entre o presente e a tradição, focalizando os ataques contra a "Veneza passadista" e contra tudo "o que remeta à contemplação, à admiração boquiaberta de uma grandeza perdida no tempo" (Garcia, 1997, p.29). Construir o futuro era um imperativo que exigia uma iniciativa forte e agressiva. O futurismo exaltava a máquina, a rapidez, a efemeridade. Entre os expressionistas, o futuro estava ameaçado pelo progresso, tanto que se opunham ao naturalismo, corrente que fora contestadora, mas mostrou-se não mais do que reformista, guardando correspondência com a filosofia positivista de Comte. Para o expressionismo, o futuro era a redenção do Homem, resgatado da prisão das máquinas e das esferas opressivas da sociedade de classes, mal que atingia tanto a burguesia quanto o proletariado. A negação do passado era evocada pelo combate às gerações anteriores, responsáveis pelas agruras do presente e retratadas por meio da figura do Pai. As imagens expressionistas apelavam para o onírico de forma ambígua: tanto à esperança do sonho quanto ao desespero do pesadelo. O dadaísmo abdicava da arte e incorporava o humor agressivo e desconcertante em seu programa. Tratava-se de denunciar a irracionalidade por trás da lógica orientada pela tecnologia e pelo dinheiro. Menos do que o futuro, os dadaístas evocavam o presente, a renovação contínua e sempre anárquica, chocante e escatológica em nome da liberdade. O surrealismo teve suas origens nas manifestações dadaístas e pretendia o abandono do imediatismo do cotidiano, estabelecendo uma zona de supra-realidade, entre o sonho e a realidade. A tentativa de contato direto com o inconsciente, permitindo o fluxo incessante do pensamento livre de intenções ou repressões tomando a poesia como principal forma de expressão, conferia aos surrealistas o desejo de abranger o desenvolvimento pleno do ser humano e não apenas o nível do prazer estético. Dentre todos os movimentos que compuseram as Vanguardas Artísticas, os que mais se "aproximaram do futuro sonhado" foram o cubo-futurismo e o construtivismo russos. Inflamados pelas perspectivas revolucionárias que culminaram no Outubro de 1917, os cubo-futuristas exaltaram a tecnologia e as ciências como estatutos emancipadores do Homem, posto que o principal empecilho à liberdade, o capitalismo, havia finalmente sido superado. A dinâmica das máquinas se estendia à produção artística por meio da geometrização das formas e pela mecanização do gesto, entendidas como expectativas libertárias. Encontramos a mesma condenação à falta de dinamismo da arte tradicional, identificada com museus, galerias e bibliotecas. Em contrapartida, havia a valorização da tradição popular, a eleição da feira, do mercado, da praça como ambiente de ação e produção da arte, inclusive pela valorização do linguajar de rua, do neologismo e do anedotário.

Como traço comum a todos os movimentos encontramos também, em maior ou menor grau, as atitudes antiburguesas: "a conhecida fórmula *épater le bourgeois* pode ser, sem dúvida, indicativa. Escandalizar o burguês, aprontar-lhe umas boas, fazer o filisteu tropeçar, colocar na berlinda o esclarecido, rir nos funerais e chorar nos casamentos tornou-se uma prática comum entre os artistas de vanguarda" (Micheli, 1991, p.58). No expressionismo, ao lado da manifestação da angústia do indivíduo, o principal ataque à burguesia se operava pela representação grotesca caricatural de seus valores e de seus representantes. Para os dadaístas, a negação burguesa incluía a negação de toda a arte, mesmo a modernista: "basta com as academias cubistas e futuristas, laboratórios de idéias formais. A arte serve então para amontoar dinheiro e acariciar os gentis burgueses? As rimas acordam o seu tilintar com as moedas e a musicalidade escorrega ao longo da linha do ventre visto de perfil. Todos os grupos de artistas acabaram neste banco, mesmo cavalgando cometas diferentes..." (Manifesto Dadá de 1918 apud Micheli, 1991, p.136). O surrealismo reunia ataques abertos contra a burguesia: "A arte autêntica de hoje está ligada à atividade social revolucionária: ela tende à confusão e à destruição da sociedade capitalista" (Nadeua apud Garcia, 1997, p.152). Ou ainda: "no estado de crise atual do mundo burguês, a cada dia mais consciente da própria ruína, eu acredito que a arte de hoje deva justificar-se como conseqüência lógica da arte de ontem e, ao mesmo tempo, submeter-se, o mais freqüentemente possível, a uma atividade de interpretação que faça explodir a sua controvérsia na sociedade burguesa" (Breton apud Garcia, 1997, p.152). A identificação do cubo-futurismo e do construtivismo com a luta contra a burguesia dispensa apresentações e, mesmo no futurismo italiano, em que a disposição contra os valores do capitalismo são tênues, "de início ... o futurismo teve uma concepção política aproximativa de cunho republicano, anarcóide e de clara tendência socialista, que constitui, sem sombra de dúvida, um dos elementos essenciais do impulso revoltoso e antiburguês, típico daquele seu primeiro período" (Micheli, 1991, p.206).

Revolucionar o mundo por meio da implosão dos valores burgueses, da iconoclastia e da emancipação do homem; eis o projeto das Vanguardas Artísticas. Nesse sentido, os artistas abandonavam a produção solitária e passavam a se organizar ao redor de idéias comuns, alguns definindo-se programaticamente através de Manifestos, que nem sempre revelavam atrás de si um ideário político nitidamente definido e, apenas tangencialmente, alguns deles vinculavam-se a um programa político-partidário. "Ainda, assim, a inserção histórica desses movimentos está no centro das preocupações das vanguardas" (Garcia, 1997, p.17).

Em síntese, as reflexões aqui expressas nos parecem suficientes para demonstrar que, ao menos em seus pressupostos iniciais, a adoção do termo *vanguarda* corresponde à elaboração de um projeto muito mais amplo do que a novidade formal, assumindo a pretensão de arquitetar o futuro, rompendo com o passado e a tradição e libertando os homens das formas opressivas de sobrevivência baseadas no domínio da burguesia sobre os meios de produção. Seja por meio da negação, do desprezo, da ridicularização seja por meio do confronto, o alvo das Vanguardas Artísticas foi o burguês. Assim, podemos dizer que, para esses movimentos, o artista era o ARQUITETO de um mundo em devir.

3 O BALCÃO

> De qualquer acontecimento público que exerça amplos efeitos, na melhor da hipóteses, só vemos uma fase e um aspecto. Isso tanto é verdadeiro no caso dos eminentes paredros que redigem tratados, fazem leis e expedem ordens, quanto no daqueles para os quais se redigem os tratados, se promulgam as leis e se emitem as ordens.
>
> (Walter Lippman, *Estereótipos*)

O programa de *Cemitério de automóveis* trazia uma curiosa "profecia" a respeito do seu encenador. O espectador era apresentado a um "intrometido", "gente de fora"; única alternativa contra "a górgona de goela de esponja" que "faz tudo mercadoria da cultura". Victor Garcia ainda não fora devorado pela "medusa", mesmo que o texto profetizasse: "chegará ele também aos templos oficiais, e para ele isso será o fim". Por trás desse fatalismo, podemos estabelecer certa correspondência com *Roda viva*: o artista transformado em "mercadoria" por um sistema, de tal forma opressivo, que chegava a ser comparado a uma quimera. A voracidade do monstro correspondia ao apetite pelo lucro e, conseqüentemente, à descartabilidade. O fim estaria longe do argentino que continuava na resistência, ao menos levando-se em consideração o texto escolhido para a próxima montagem: *O balcão*, de Jean Genet.

O balcão e *Cemitério de automóveis* são textos que se assemelham no que se refere à crítica às instituições. As peças de Arrabal atacam explicitamente a Igreja católica, como instrumento de opressão, e a encenação de Garcia ampliava a crítica à expansão da

Capa do programa.

indústria como igualmente violenta. Igualmente, Jean Genet (1910-1986) foi um rebelde e um questionador dos valores estabelecidos:

> A sociedade tal como vocês a constituem, eu a odeio. Eu sempre a odiei e vomitei. Por que ela me tratou cruelmente, odiosamente, desde meu primeiro sopro de vida. Sou filho de um orfanato, e foi na cadeia que aprendi a viver. (1976, p.V)

Genet passou sua vida toda no submundo dos marginais, na condição de presidiário. Aos dez anos, foi acusado de roubo; até os 21 anos foi interno de uma casa correcional em Mettray; na juventude, alistou-se e desertou da Legião Estrangeira após roubar um oficial; circulou pela Europa vivendo de mendicância, prostituição, roubo e estelionato, sendo preso várias vezes por isso. Foi graças à literatura, com a qual passou a se ocupar ainda na cadeia, que conquistou a liberdade. Jean Cocteau (1889-1963) travou contato com um poema seu, "O condenado à morte", e passou a divulgá-lo nos meios intelectuais. Em 1948, Jean-Paul Sartre (1905-1980) e outros escritores convenceram o presidente da República, Vicent Auriol, a revogar a pena de prisão perpétua à que Genet fora condenado. Sua produção artística, poemas, romances e texto para teatro passou de elegias de enaltecimento e redenção dos criminosos e dos marginais a metáforas ácidas e peculiares da moderna sociedade européia. *O balcão* foi a primeira tentativa de retirar as lentes postas sobre os oprimidos, e voltá-las contra os opressores.

Os quatro primeiros quadros do texto correspondem a uma espécie de prólogo. Genet torna visíveis fantasias assumidas alegoricamente, representando três grandes instituições: a Igreja, a Justiça e o Exército. A trama é construída de modo a que paire dúvida quanto às personagens serem reais ou a representação de papéis. Assim um bispo, um juiz e um general são vistos, respectivamente, imiscuindo-se com uma penitente, com um casal formado por um carrasco e uma ladra; e com uma mulher se fazendo passar por uma égua. Em contraste, o quarto quadro, extremamente curto, traz a figura de um mendigo tomado por prazeres sadomasoquistas. A ameaça à verossimilhança reside nas dimensões sobrenaturais das personagens e, principalmente, em alguns pequenos vestígios – um espelho refletindo roupas comuns sobre uma cama desfeita;

um mesmo lustre que aparece nas três cenas; e três biombos, cujas cores devem ser diferentes em cada cena, mas que se encontram sempre no mesmo lugar. O dramaturgo sugere que, para cada quadro, o cenário se desloque da esquerda para a direita, como se penetrasse nos bastidores. Genet interfere na composição da área de representação com o intuito de determinar seus propósitos. São momentos preciosos do texto, na medida em que a dinâmica da cena seguinte contrasta com a das anteriores. A visão do espectador se altera quando Irma, a dona do bordel, é apresentada em seu quarto, acompanhada por Carmem. O que é visto pelos espectadores nos primeiros quadros corresponde ao ponto de vista da cafetina, que monitora o que ocorre nos quartos, ou salões da casa que dirige, O Grande Balcão, um bordel sofisticado no qual são desenvolvidas as mais variadas fantasias, enriquecidas por cenários falsos, mas extremamente convincentes. Genet explicita:

> Nas quatro cenas quase tudo é representado com exagero. Entretanto, há momentos em que o tom deverá ser mais natural e permitir ao exagero parecer mais acentuado. Em suma, nenhum equívoco, mas dois tons que se oponham.
>
> Pelo contrário, desde a cena entre Madame Irma e Carmem até o fim trata-se de descobrir um tom de narrativa *sempre* equívoco, sempre em falsete. (1976, p.179-80)

O equívoco e a realidade se combinam ao longo de toda a peça e algumas verdades se estabelecem no bojo do enredo. Irma, ao lado de Carmem, a melhor de suas "meninas", contabiliza o faturamento da noite e estala as notas reiterando a concretude delas. O texto não deixa dúvidas, todas as situações anteriores eram uma farsa. Irma trata, com toda a frieza necessária, do bom andamento dos negócios, denunciando que tudo não passa de uma "mascarada". A maior preocupação da cafetina são as susceptibilidades e as inclinações sentimentais das funcionárias. O diálogo com Carmem é cristalino:

> Irma *(desconcertada)* – Mas... eu lhe entreguei a contabilidade. Você se instalou em meu escritório e, de repente, minha vida inteirinha abriu-se diante de você. Não tenho mais segredos, e mesmo assim não está contente?

Carmem – Claro, agradeço-lhe a confiança, mas... não é a mesma coisa.
Irma – "Aquilo" lhe faz falta? *(Silêncio de Carmem)* Ora, Carmem, quando você subia ao rochedo coberto de neve com uma roseira florida de papel amarelo – que, aliás, devo tornar a guardar no porão – e o devoto desmaiava ante a sua aparição, você não estava levando a sério, não é? Diga, Carmem ... *(Curto silêncio).* (ibidem, p.53)

Carmem representava Nossa Senhora de Lourdes para um contador de um banco de província, e se sentia feliz ao fazê-lo, mas para Irma tratava-se de trabalho. No entanto, fora do bordel, ouvem-se explosões e disparos de metralhadoras, resultantes de uma revolução que vem sendo engendrada. *O balcão* revela-se importante para a ordem estabelecida; a representação das autoridades nos bordéis espelha o respeito que as instituições desfrutam naquela sociedade. Como o poder tradicional não passa de outro conjunto de alegorias vazias, o único capaz de conter a rebelião é o Chefe de Polícia, amante de Irma. Ele possui a força concreta, mas não domina as "mentalidades", presas aos antigos valores, tanto que sua imagem nunca fora retratada entre as fantasias dos clientes. A crítica de Genet é agudíssima. As grandes e respeitáveis instituições da sociedade não passam de encenações que se abrigam num "puteiro". Os artistas – as prostitutas – são funcionários que colocam todas as suas habilidades criativas para preservar mentiras, opressão e alienação. O artista, portanto, está preso à instituição que o sustenta, uma empresa capitalista preocupada com o lucro. Essa *fábrica de ilusões* é amante do poder repressivo, machista e violento, que precisa empregar os recursos da força enquanto não for plenamente reconhecido e aceito. Essa visão crítica da sociedade demonstra o momento em que Genet buscava compreender os fenômenos sociais à luz do combate ao capitalismo.[1] Inclusive, por volta de 1960, Genet abandonava definitiva-

---

1 Um ano antes de escrever *O balcão,* Genet havia renunciado à literatura e publicara um comentário político intitulado *Tentativa de compreensão do comunismo.* Em sua futura atuação política, mesmo que sua característica maior seja de ordem anárquica, tentou promover a aproximação entre grupos excluídos e de esquerda (Genet, 1976, p.X-XII).

mente a dramaturgia e a literatura e sua principal atividade passaria a ser o ativismo político.[2]

Em *O balcão*, ao mesmo tempo em que Genet apresenta a arte como uma forma de prostituição,[3] assinala o seu valor libertário, pois Chantal, que abandonara o bordel com ajuda de Roger, o líder revolucionário, coloca sua "voz" e o "brilho de seus olhos" à disposição dos revoltosos para insuflar as massas. Os rebeldes tomam temporariamente o poder, mas quando a morte cala a voz de Chantal a revolução é contida. O poder precisa se reestabelecer e, uma vez que ele não passa de um jogo de aparências, até mesmo os clientes do bordel podem assumir o papel dos representantes das instituições que foram mortos. Num mundo regido pela ilusão, basta que os meios de comunicação desempenhem a sua função: os fotógrafos tratam de preservar os paramentos sociais e difundir que os cargos já haviam sido preenchidos. Genet, demonstrando que não reduz seu texto à apologia, atribui um sentido ambivalente a Roger. A rebelião é vencida graças ao empenho singular do Chefe de Polícia, que passa a ser reconhecido como parte do Poder. Enquanto não se encontra representado no bordel, chega-se à conclusão de que o símbolo que melhor lhe serve é o de um gigantesco falo. Quando sua imagem finalmente é representa-

---

[2] O último de seus textos para teatro, *Os biombos*, encenado em 1965 por Jean-Louis Barrault, causou tumultos e protesto por criticar a ação colonialista da França na Argélia. Em 1968, Genet entra clandestinamente nos Estados Unidos e se encontra com os líderes do grupo Panteras Negras, que representavam o *black power*. Profere conferências e escreve artigos em defesa dos homossexuais e dos negros. No Brasil, ele se empenha diretamente pela libertação da atriz Nilda Maria, que intepretava Chantal em *O balcão*, presa pelos agentes da ditadura militar. Aceitando convite da esposa do então governador de São Paulo, Abreu Sodré para um jantar no Palácio Campos Elíseos, aproveitou a oportunidade para chamar a todos de assassinos e exigiu que fossem encontrados três netos da costureira do guerrilheiro Carlos Lamarca que estavam desaparecidos, e ela própria, na época, encarcerada no Presídio Tiradentes (*O Globo*, 16.4.1970). Rofran Fernandes (1985) relata que, durante o programa de televisão de Cidinha Campos, Genet interpelou abertamente a apresentadora exigindo esclarecimentos sobre o esquadrão da morte. Em 1972, participara, ao lado de Michel Foucault, de manifestações após a morte de Pierre Overney.

[3] É clara a correspondência com a postura que Grotóvski (1987) vai chamar de "cortesã" em oposição à "santidade" de seu "teatro pobre".

da no prostíbulo, quem desempenha o papel é o líder revolucionário desejando oprimir um escravo. Lê-se, portanto, que Roger nada mais pretendia, caso a revolução fosse vitoriosa, do que substituir o Chefe de Polícia. Mas, ao se ver travestido em seu oponente, Roger castra-se, maculando a imagem pela primeira vez representada. Nesse sentido, Roger pode estar lançando mão do único recurso que lhe resta, visto que a ação coletiva fracassara e ele se encontra só. Se o poder das imagens é tão grande sobre a mentalidade das pessoas, ao cristalizar a figura viril do Chefe de Polícia como castrado, Roger leva seu intento até o fim. O Chefe de Polícia tanto é atingido pelo gesto de Roger que abandona o bordel à sua própria sorte, e se enterra num dos seus salões. Ao final do texto, Irma manda todos, personagens e público, de volta para casa, num convite para que reflitam sobre a falsidade que os acompanha cotidianamente. No instante seguinte, ouve-se uma nova rajada de metralhadoras.

Victor Garcia assumia um grande desafio, uma vez que Genet não possuía nenhum apreço especial pela arte da encenação, lugar de "estupidez arrogante dos atores e da gente de teatro" cuja *raison d'être* é o exibicionismo" (Esslin, 1968, p.192). Além disso, todas as montagens de O balcão foram decepcionantes para o dramaturgo.[4] No Brasil de 1969, submetido à atuação esmagadora da censura, era um verdadeiro ato de coragem trazer um texto que denunciasse de tal forma acintosa os mecanismos de manutenção do poder e estabelecesse uma comparação entre o capitalismo e a cafetinagem. O texto tinha profunda atualidade naquele período pós-AI-5 e podia ser mensurada por uma polêmica publicada na revista *Realidade*, pouco antes da assinatura do Ato, sob o título: "Está em marcha um golpe de Estado para derrubar o atual governo?". O líder do gover-

---

[4] A montagem de Victor Garcia foi tão desprezada quanto as de Peter Zadek, em 1957, e de Peter Brook, em 1960. Rofran Fernandes relata que Genet, convidado por Ruth Escobar a assistir a sua versão de *O balcão*, tentara sair do teatro antes de concluída a terceira cena, acompanhando as anteriores com uma "máscara fria de quem realmene olhava distanciado". Para Genet "era difícil reconhecer no meio daquelas ferragens o bordel de luxo que tinha imaginado". Segundo Fernandes (1985, p.91), Genet "queria ir embora ... ver a rua onde devia estar o Brasil".

no na Câmara, deputado Ernani Sátiro, negava a possibilidade de que houvesse alguma conspiração sendo engendrada contra o governo, que "legítima e democraticamente" fora "eleito indiretamente". Mesmo assim alertava: "Ninguém pode ignorar, no entanto, que o comunismo internacional, as esquerdas extremadas, ou que qualquer outro nome tenham, não dormem no mundo inteiro. Pelo contrário, vivem em emboscada, para investir na primeira oportunidade contra as instituições existentes". Martins Rodrigues, deputado do MDB, acreditava que ocorria um golpe de direita engendrado no interior do próprio governo. O deputado da Arena, partido do governo, Clóvis Stenzel, não acreditava haver um golpe sendo tramado, pois, se assim o fosse, "o Governo, através dos mecanismos de informação, identificaria o grupo e o desbarataria". Ainda assim, alertava que o perigo se esboçava, por meio da ação dos universitários que, caso atingissem os sindicatos, paralisariam a produção e detonariam uma revolta aos moldes daquela que quase alcançara êxito em maio, na França. Cobrava então: "o Governo parece que não percebeu e contemporiza ... A revolução de março necessita fazer sua autocrítica e observar que confundiu democracia com instituições democráticas já envelhecidas e, por isso, impotentes ... A revolução em marcha está sendo feita em países superdesenvolvidos, sob a proteção de leis caducas" (Está em marcha..., p.226). As "alegorias" do "balcão/Brasil" de Stenzel necessitavam de leis que permitissem a ação de um "Chefe de Polícia" contra a ameaça do "comunismo". O AI-5 não foi outra coisa senão isso. Uma lei que simplesmente poderia decretar "entre outras coisas ... a exclusão de qualquer apreciação judicial de todos os atos praticados de acordo com o Ato nº V e Complementares" (O Quinto ato, p.15). O jogo de espelhos de Genet acabava sendo um pálido reflexo de uma realidade como a do revolucionário Carlos Marighella, metralhado sob o comando do "Chefe de Polícia", Sérgio Paranhos Fleury, em 4 de novembro de 1969, em São Paulo, pouco antes da estréia de *O balcão*. E tampouco o seria para Carlos Lamarca, em 17 de setembro de 1971, em plena temporada da peça, morto numa emboscada cinematográfica, organizada pelo exército para dizimá-lo, em Ipupiara, interior da Bahia. A trama criada por Genet, em 1956, encontrava uma terrível tradução na realidade brasileira.

A montagem do texto de Genet, no entanto, tal como ocorrera em *Cemitério de automóveis*, apresentou grande a distância entre o previsto e o efetivamente realizado. Proposta para o final de julho, a estréia só veio a ocorrer em 29 de dezembro, em situação-limite; os atrasos advinham de problemas técnicos que impediam o perfeito funcionamento dos cenários. A *Folha de S.Paulo* chegou a tratar o espetáculo como "uma aventura que beirou o fracasso e que, finalmente, é oferecida ao público, tendo a seu favor a possibilidade de ser um dos *melhores*, se não *o melhor espetáculo do ano*" (O balcão aberto para o público, 19 dez. 1969). Apesar dos louros antecipados, a ameaça de fracasso não estava superada. A imprensa não teve acesso, ou omitiu que, pressionado pela produtora, Garcia ameaçou abandonar os ensaios às vésperas da estréia. Recebendo subsídios do Governo do Estado de São Paulo, o espetáculo devia estrear antes da passagem do ano, correndo o risco de perder o benefício que lhe fora outorgado. O presidente da Comissão Estadual de Teatro, na época, Sábato Magaldi, intercedeu diretamente em favor da produção, fazendo com que o encenador retrocedesse.[5] Dessa forma, em 29 de dezembro de 1969, *O balcão*, de Jean Genet, com encenação de Victor Garcia, foi apresentado pela primeira vez ao público paulistano.

Por outro aspecto, as profecias expressas no programa de *Cemitério de automóveis* ameaçavam se cumprir mais rápido do que se imaginava; a considerar pelas informações publicadas nos jornais, "os templos oficiais" estavam próximos. Os prêmios e a repercussão conquistados por *Cemitério de automóveis* tornaram Garcia um artista conhecido. Em 5 de julho de 1969, o encenador mereceu uma matéria de página inteira na imprensa paulista, trazendo trechos de entrevista, comentários sobre seu trabalho e suas influências artísticas. Ilustrando metade da página, uma foto do encenador sentado, calçando um enorme coturno e vestindo uma capa escura que deixava à mostra o peito nu. Essas peças de indumentária faziam parte dos figurinos do espetáculo e ofereciam ao

---

5 Declaração de Sábato Magáldi, durante a Mostra Victor Garcia, no Memorial da América Latina, 21 out. 1995.

entrevistado um ar de excentricidade, indicando que as imagens não foram conseguidas espontaneamente. Contraditoriamente, Garcia se preparava para montar um texto que tinha como tema os meios pelos quais o poder era mantido através da construção e da manutenção das aparências. A imagem do diretor ainda se repetia num *close*. A valorização da personalidade e os adjetivos empregados – "um dos melhores diretores de teatro do mundo" e "um gênio, sem dúvida" – pertenciam a um vocabulário apropriado "aos templos oficiais".[6] Paradoxalmente, o encenador afirmava que, a despeito dos resultados favoráveis que vinha colhendo, odiava o teatro, uma arte morta por falta de imaginação. "Eu não gosto do meu trabalho, nem do resultado dele. Não sei até quando vou agüentar ficar viajando de um lugar para outro dirigindo peças." Questionado sobre a possibilidade de trabalhar no cinema, respondia: "já que estou nesse bordel que é o teatro, não me interessa entrar em outro bordel". Em meio à entrevista, o jornalista informava que, para o novo espetáculo, o piso da sala Gil Vicente, do Teatro Ruth Escobar, havia sido rebaixado em 7 metros e que o público ficaria sentado dentro de uma espécie de funil, com 17 metros de altura. O espaço seria o do próprio balcão, no interior do qual haveria plataformas colocadas umas sobre as outras. Para o jornalista, era um "privilégio" a presença do encenador no país, justificada pelo argumento segundo o qual "com a rapidez dos meios de comunicação, não tem sentido nos fecharmos numa pesquisa *pretensamente nacional*, que prescinde das conquistas artísticas acrescentadas dia-a-dia nos grandes centros" (Laranjeiras, 5 jul. 1969). Em outra reportagem a respeito da preparação de O *balcão*, Oswaldo Mendes (2 nov. 1969) sugeria mistério e hermetismo na montagem sobre o texto de Genet. No artigo, Garcia se referia ao ambiente da peça como "um bordeu (*sic*) sacro, onde a

---

6 Atribuir a criação artística ao "gênio" fez parte da valorização individual, principalmente, durante o romantismo. "A subjetividade do artista e do escritor, isolada e voltada sobre si mesma, lutando pela vida, vendendo-se no mercado e, no entanto, enfrentando o mundo burguês como 'gênio', sonhava com a unidade perdida e clamava por uma comunidade ideal, projetada pela imaginação, ora no passado, ora no futuro" (Fischer, 1981, p.65).

única possibilidade é a comunhão". Dizendo-se completamente despreocupado com o público "limitadamente burguês" e interessado, não por aqueles que freqüentavam o teatro, mas sim por aqueles que não o freqüentavam, atribuía ao espetáculo a condição de "cerimônia". Uma terceira reportagem salientava as características pessoais do encenador – exótico, niilista e temperamental – e do dramaturgo – ladrão, homossexual e toxicômano – ao lado dos altos custos – NCr$ 250.000,00 – e, principalmente, o monumental espaço cênico (O balcão das ilusões, 3 dez. 1969, p.59-61). Em entrevista ao *Jornal da Tarde,* o encenador voltava a se referir "à sua cerimônia" e à realização "de um ritual" (Magaldi, 19 dez. 1969). Em declaração ao *Última Hora,* ele sugeriu que preparava a sua "cerimônia" fugindo de escolas e técnicas e obtendo "o milagre" através da "não-afirmação de nada", sem marcação de cenas e sem ensaio. Perguntado sobre problemas de produção respondia: "os chefes de companhia são mais dotados do que eu para pensar nisso. Essa tarefa nada tem a ver com a de um chefe, *mestre-de-cerimônias,* título que atribuo para mim" (O balcão inventa..., 26 dez. 1969).

Victor Garcia, como demonstramos no capítulo anterior, ainda na França havia contestado as ligações estabelecidas entre seu trabalho e as teorias de Artaud. Com relação a O balcão, como vemos, passava a assumir certos jargões que, reiterados pela imprensa e pela crítica, guardavam certa correspondência com os manifestos do francês. As palavras "sacro", "cerimônia", "sacerdote", "mestre-de-cerimônias" e "ritual" passavam a acompanhar tudo o que se referia a Victor Garcia e seu espetáculo. Além dos textos do próprio Artaud, os principais chavões foram retirados de dois estudos publicados sobre o conjunto da dramaturgia de Genet – e não exclusivamente a O balcão – produzidos por Martin Esslin (1968, p.179ss.) e Robert Brustein (1967, p.391ss.).

A palavra "ritual" foi utilizada por Esslin (1968) para definir o primeiro poema, dedicado por Genet a um condenado à morte, dotado de "uma qualidade estranhamente ritual, de encantamento" (p.182), em estudo sobre o Teatro do Absurdo. Esse tom de "rito solene" se apresentaria ao longo da criação poética de Genet como forma de valorização dos excluídos com os quais o poeta teve total identidade: "Eu já disse o quanto amo os marginais que não têm outra beleza que não a de seus corpos" (p.182-3). O universo literário de Genet, repleto de criminosos, desajustados e homossexuais traria, como estrutura recorrente, um jogo de espelhos no qual as personagens são "o reflexo de um reflexo"; e a manifestação dos desejos dessas personagens se dá na forma de representação, muitas vezes sacrificial, portanto ritual. Em *As criadas,* a trama gira em torno de duas empregadas que assumem, alternadamente, o papel da patroa e reproduzem o seu autoritarismo. Seu desejo é matar a própria, mas, impossibilitadas de fazê-lo, uma delas, Claire, se suicida travestida em patroa. A conclusão é a de que "tal revolta não se expressa em protesto, mas em ritual ... tal ritual é a encarnação da frustração: uma ação que nunca será executada no mundo real é repetidamente realizada como mero jogo" (p.188). Recurso semelhante já fora utilizado na primeira peça do autor, *Alta vigilância,* envolvendo quatro criminosos. Esta leitura, consubstanciada em Sartre, atribuiria um sentido conservador às personagens de Genet, pois as criadas, como oprimidas, quereriam assumir o papel opressor da patroa e só desejam matá-la por não conseguirem substituí-la. Tal sentido é que ligaria o teatro de Genet ao Absurdo: "o ritual da realização de um desejo é um ato inteiramente absurdo – é a futilidade refletindo-se a si mesma, é o desejo de realizar alguma coisa incapaz de varar o abismo que separa o sonho da realidade, é a 'simpatia' dos primitivos incapazes de enfrentar a dureza fria e implacável do mundo real" (ibidem). Nas primeiras peças de Genet, o tema era restrito a um ambiente íntimo; uma cela de prisão e um dormitório; já em O *balcão,* os ambientes se estendem de um luxuosíssimo bordel à sociedade de um país. O jogo de espelhos exigiria "a solenidade e o esplendor exterior da liturgia das maiores catedrais", que fosse, ao mesmo tempo, "vulgar, violenta e de mau gosto" (p.193). Retiradas do contexto, essas palavras foram amplamente utilizadas com relação a Victor Garcia, mesmo que fossem destinadas à *dramaturgia* de Genet. Esslin não sugere que o caráter cerimonial seja um dado afirmativo no texto; ao contrário, a intenção seria a de demonstrar a "falsidade das cerimônias", pois O *balcão* "é uma espécie de teatro no qual Madame Irma é diretora e empresária" (p.194). Uma revolução ameaça o bordel e as autoridades que dele dependem e nele se vêem refletidas: a Igreja, a Justiça, o Exército e o Estado, considerados como "mitos". A revolução é vitoriosa temporariamente, mas a ordem é reestabelecida graças ao Chefe de Polícia, "representando o aparato moderno da ditadura, o manipulador do poder totalitário e terrorista" (p.194-5). Resta ao líder revolucionário, Roger, se entregar a uma fantasia no próprio bordel e, representando o Chefe de Polícia, se castrar; ato semelhante ao suicídio de Claire, em *As criadas*. Seguindo o mesmo sentido, Esslin conclui que, apesar de contestar o sistema do qual era alijado, o revolucionário "confessa seu desejo de *ser* o Chefe de Polícia quando pune o mesmo em sua própria pessoa" (p.199), ainda que reconheça a ambivalência do ato de castração, podendo ser entendido também como punição ao Chefe de Polícia.

Brustein (1967), por sua vez, da perspectiva do Teatro de Protesto, contesta a vinculação de Genet com o Absurdo. A matriz segura do autor de *O balcão* seria o *teatro da crueldade* de Artaud. A maior parte das análises de Brustein tem como base uma conferência proferida por Artaud, em 1933, "O teatro e a peste". São sintetizados os ataques de Artaud à civilização e ao teatro como meio de entretenimento. Para o autor, o ritual não poderia estar dissociado do nome de Artaud e a ele se uniria uma atmosfera de "liberdade sexual", principal elo com Genet.[7] Brustein estabelece que o "teatro da crueldade" aspira a uma função purgativa ao

---

7 Em "O teatro e a peste", Artaud fala das "fábulas magníficas que narram para as multidões a primeira divisão sexual e a primeira carnificina de essências que surgiu na criação" (1987, p.44). Disso Brustein conclui que "o teatro de Artaud tem por finalidade agir como uma orgia dionisíaca, uma bacanal, um ritual de sacrifício" (1967, p.397). No mesmo ensaio Artaud escreve "há muito que o Eros platônico, o sentido genésico, a liberdade da vida, desapareceu sob as vestes sombrias da *Libido*" (p.43) e se refere à desordem da peste como "gratuidade frenética" (p.36). Alain Virmaux, observando que Artaud não reivindica para seu teatro o orgiástico argumenta que "o dionisíaco implica delírio desregrado, improvisação e anarquia e Artaud insiste em promover um teatro em que nada será deixado ao acaso ou à iniciativa pessoal" (1978, p.47). O mesmo autor comenta as atitudes de Artaud com relação à sexualidade: "movido por seu horror pelo sexo, a interpelar publicamente os casais abraçados, e invectivar furiosamente as mulheres: *fornicação e putaria, cadelas no cio, eu amaldiçôo vocês*" (p.25). A divisão sexual a que se refere Artaud nos

represamento de violência, sadomasoquismo e ímpeto sexual reprimidos pela vida "civilizada", se referindo à função terapêutica que Artaud atribuiria ao teatro. Outro ponto de ligação entre Genet e Artaud se daria pelo uso das palavras, que no primeiro atenderia às exigências de "encantação" propostas pelo segundo. Com base no texto sobre o teatro de Bali, o autor nos lembra que Artaud pretende substituir o dramaturgo pelo "diretor de mágica, um mestre-de-cerimônias sacras" (p.403). Contraditoriamente, Brustein pretende analisar a obra de Genet como um legado dramatúrgico da *Poética artaudiana*, "equivalente moderno das religiões e mistérios" (p.407). Genet extrairia mitos das profundezas do inconsciente liberto de moralidade, inibição e refinamento. Assim como ocorrera com Artaud, algumas declarações demonstrariam a valorização de Genet para com o teatro oriental e a condenação do "ar falso, um ar de mascarada e não de cerimônias" (p.408) que envolveria o teatro ocidental. No que se refere especificamente à obra de Genet, poucos são os pontos de divergência com Esslin, tanto que Brustein reconhece o desejo de "reabilitação do ignóbil" presente na literatura genetiana. Brustein também recorre ao estudo de Sartre, contradizendo-se, porém, ao afirmar que a "extraordinária estética é produto de uma ainda mais extraordinária vida" (p.411) – e não de um inconsciente liberto – referindo-se à delinqüência do dramaturgo. De maneira semelhante a Esslin, a relação com a sociedade é apresentada em termos de contradição: "para que Genet se revolte, a Igreja, o Exército, a Magistratura têm de permanecer invioladas. Para que Genet cometa o sacrilégio, tem de haver crença"(p.416). Ou seja, não se trataria de acabar com a ordem estabelecida e sim de preservá-la para poder denunciar suas incoerências. O caráter cerimonial é retomado, contrariando a idéia defendida anteriormente, na qual se dá a entender que o dramaturgo aspirava à cerimônia no teatro, tal como Artaud: "o que atrai Genet para o teatro ... é o elemento de mistificação, de simulacro, de artificialismo ... Genet é

---

parece possuir mais sentido nos termos a que nos referimos anteriormente (Cap.2, p. 62). Ao longo do texto surgem outros pontos em relação aos quais discordamos da vinculação com o teórico francês. Não aprofundaremos a questão, visto que nosso interesse é o trabalho de Victor Garcia.

bastante franco a respeito do seu amor à trapaça, à fraude" (p.417). Nesse sentido, suas tramas refletiriam a "vida como uma perpétua mascarada, e *les honnêtes hommes*, sem o saberem, estão participando desse jogo de aparências ... E 'as regras do jogo' são as leis e os regulamentos de uma nação. Contudo, violar essas regras significa apenas entrar noutra espécie de jogo, com outro conjunto de regras" (p.419).[8] O que mais diretamente afasta os dois analistas é o sentido ritual de Esslin que, para Brustein, é extensão da mascarada a todos os personagens.

> Pois é um trágico fato, em Genet, que ainda que uma rebelião triunfe, a curto prazo, sempre fracassa a longo prazo; rebelião e ordem são apenas dois papéis na mesma mascarada. Assim, conquanto Genet simpatize com suas personagens rebeldes ... elas estão condenadas à futilidade, pelo amor à representação de seus papéis; a realidade delas é a tragada pela ilusão; seu negativismo sagrado cede, em última instância, à necessidade positiva de emblemas, estandartes e heróis. (p.424)

Mais especificamente esse "fracasso da revolta" seria atribuído a Roger, o revolucionário. Se para Esslin existe ambivalência na imolação do líder da revolução no último quadro de *O balcão*, para Brustein ela referenda a ambição maior do Chefe de Polícia, que aspira à divindade: "castrando-se, assim provando a divindade do Chefe de Polícia – pois a mutilação é o destino do Homem-Deus, quer se trate de Cristo, Osíris ou Dionísio" (p.432). Nos termos de nossa pesquisa, o importante é reiterar o sentido ambíguo que Brustein, em concordância com Esslin, confere ao termo "cerimônia", mais claramente delimitado como falsidade, pois o último autor reconhece que *O balcão* é "a mais impressionante teatralização da hipocrisia e artificialismo em que ele (Genet) acha estar a vida baseada", e na qual "a simulação ... é a prova da sagração" (p.425).

---

8 Eis mais um aspecto que impede de aceitar a ligação com Artaud. O desejo do teatro da crueldade não é denunciar o que há de "farsesco" na vida cotidiana. Mesmo se revoltando contra isso, Artaud pretende um retorno aos valores ancestrais, que ele só acredita possíveis nas sociedades "primitivas", como o próprio Brustein demonstra. Trata-se de unir novamente vida e arte (Artaud, 1987, p.15-22).

Os representantes da crítica especializada brasileira não enxergaram dessa maneira o aspecto cerimonial assumido pela encenação. A perplexidade gerada em *O balcão*, no entanto, tinha lugar graças ao seu monumental aparato técnico. Se Victor Garcia inovara apresentando cenas simultâneas, panorâmicas e um novo tipo de arena, a cena agora era vertical. De forma semelhante à que ocorreu na primeira montagem, a profusão de recursos e imagens não facilitou a compreensão do público. Yan Michálski atestava isso:

> O texto, que é difícil, complexo e altamente significativo, e cuja barroca linguagem poética foi muito bem transposta na primeira tradução de Martim Gonçalves e Jacqueline de Castro, fica de tal modo ofuscada pelo impacto da encenação que à primeira vista poderia parecer que Garcia seria capaz de realizar um espetáculo igual a partir de não importa que texto. Entretanto, mesmo que os acontecimentos da trama e o pensamento tortuoso e atormentado do autor permaneçam ... quase inacessíveis ao espectador, não há dúvida de que existe uma profunda identificação entre a sugestão ritualística claramente contida na peça e a desenfreada celebração teatral levada às últimas conseqüências por Victor Garcia ... e se ... é uma pena, evidentemente, que o público saia do teatro ... sem ter assimilado o sentido daquilo que Genet quis dizer na sua obra, o fato não deve ser considerado como uma tragédia: este público absorveu ao menos o choque sensorial de um espetáculo que é tão insólito, belo e generoso que constitui por si só um fenômeno estético, cultural e intelectual ... quanto a própria peça. (17 jan. 1970)

O crítico ainda se referia ao espetáculo como "um acontecimento da mais alta significação na história do teatro brasileiro" e apontava, de forma muito acertada, que "não ... consta que em qualquer lugar do mundo tivesse sido tentada até hoje uma experiência como esta", desenvolvida "justamente num teatro tão pobre e materialmente tão subdesenvolvido" (ibidem).

Sérgio Viotti (18 jan. 1970) exaltava o "magnífico" e a "beleza visual" de um espetáculo possuidor "de um ardor de imaginação desenfreada tal, que se irmana aos excessos das visões místicas indecifráveis". Seguia-se uma longa descrição dos recursos técnicos e das soluções visuais do espetáculo. O ritmo teria sido concebido de forma "liturgicamente solene", reiterando a idéia de "ritual". Viotti, apesar de denunciar a incompreensão do texto, defendia:

O resultado, em termos de envolvimento, é tão grandioso que qualquer comentário sobre alterações no texto de Genet torna-se vão e sem propósito. É muito raro ver-se um diretor que vá além do texto, que trabalhe sobre ele com a fúria selvagem fascinado pelo rito sangrento que inventou (do qual não pode mais se libertar; que tem de levar até o fim) e que, assim fazendo, recrie este mesmo texto em um plano anterior à criação do próprio autor. Garcia não encenou Genet: foi às suas origens e trouxe à luz o essencial, sobre alicerces de criação paralela. (ibidem)

Visão seguia a mesma linha das últimas críticas, elogiando a montagem, mesmo julgando impossível a compreensão do texto:

as dimensões são ... mais do que nobres – atingem-se a solenidade da catedral, o mistério da liturgia, a "missa negra", tão características do poeta maldito, ladrão e homossexual ... Paradoxalmente ... esse aparato visual não ajudou muito o entendimento do texto e, se ele fala ao espectador, é muito menos pelas faculdades intelectuais do que pelo filtro dos sentidos ... Diga-se a favor da montagem que a compreensão intelectual do texto se mostra difícil, mesmo na leitura. A imaginação de Genet atinge tal requinte anti-realista que é necessário um trato constante com suas ricas metáforas para acompanhar-lhe os meandros. (O balcão dos sonhos frustrados, 31 jan. 1970, p.58-9)

A matéria questionava: "o hermetismo da obra não estava a reclamar exatamente uma encenação mais didática?" (ibidem, p.58). Mesmo com todas as dificuldades, notava-se que as "figuras são símbolos dos poderes em nossa sociedade" e que as "peripécias da trama de *O balcão* decorrem (desse) permanente jogo de fantasia e realidade, num estilo poético de incomparável refinamento" (ibidem).

Essas opiniões faziam eco à que foi expressa por Sábato Magaldi (10 jan. 1970), no *Jornal da Tarde*, e reproduzida no programa do espetáculo. Em verdade, não se tratava de uma crítica, mas de um esclarecimento, o que vinha confirmar a dificuldade de compreensão provocada pela encenação, expressa pelo título "Para você entender melhor o balcão". O artigo explicava:

uma casa de ilusões ... Nesse estranho bordel, em que há os mais variados cenários para o homem materializar os sonhos recusados da realidade, cristalizam-se os valores que sustentam o nosso mundo. Genet reduz ao vazio, à inapelável vocação da morte. O jogo ritual do Grande Balcão, em que homens comuns representam a "essência" de um Bispo, um Juiz e um General, é perturbado por uma revolta ... Não há enredo facilmente apreensível em *O balcão*, tão afastado Genet se encontra das fórmulas do realismo (que) não amesquinhou suas peças num prosaísmo de fundo realista e psicológico ... um jogo que Genet estabelecia entre o ritual e uma força desconhecida, que poderá destruí-lo.

Como esse ritual representaria "nossa civilização" que se encontrava em um "beco sem saída", a "peça se abre para o sonho", se referindo à última cena do espetáculo, quando "os homens quase nus, amontoados no subsolo do inferno, escalando as paredes do bordel para obter a liberdade" permitiam concluir que tal imagem fazia de Genet um autor atual, ainda que esta imagem não pertencesse ao texto.

Ao que tudo indica, a encenação de Victor Garcia cedeu aos termos das análises realizadas sobre a dramaturgia de Genet, mas em sentido absolutamente inverso àquele que Brustein e Esslin interpretaram como sendo o que o autor pretendia. O tom de solenidade e de cerimonial se prestava a demonstrar como um mundo de aparências tomava lugar da realidade. Para entender como isso ocorreu acompanhemos a descrição do espetáculo.

UM ABISMO MONUMENTAL

À primeira vista, *O balcão* seria uma montagem mais tradicional do que *Cemitério de automóveis*, levando em consideração que o espaço cênico era a Sala Gil Vicente, do Teatro Ruth Escobar, um teatro frontal como tantos outros. A entrada na sala, como de costume, era feita pela parte posterior da platéia, porém em vez de ocupar as poltronas, o espectador atravessaria toda a área normalmente destinada ao público, dirigindo-se àquela em que, geralmente, se encontra o palco. Todavia, as tábuas e todos os demais acessórios que compunham a *caixa do palco* haviam sido retirados, formando um vão livre, do porão ao urdimento. No seu interior, foram instaladas colunas de aço, do chão ao teto, numa posição levemente mais aberta que um ângulo reto em relação ao piso, dispostas circularmente. As colunas foram interseccionadas com anéis, com a mesma espessura e materiais, sobrepostos paralelamente, com intervalos regulares de aproximadamente 3 metros. De cada intersecção entre anéis e colunas, saíam vigas, sempre de mesma espessura e materiais, cujo desenho radial, divergente e externo aos anéis, era chumbado às paredes. Dessa forma, além de dar sustentação à estrutura, as vigas externas apoiavam, também, pisos de tela de arame montados ao redor dos anéis. Sobre esses pisos, foram colocadas as cadeiras voltadas para o interior da estrutura, com tubos metálicos na frente, à altura do peito e dos pés dos espectadores, formando uma grade de segurança. O público optava entre duas entradas que dariam acesso aos assentos da parte superior, pela esquerda, ou da parte inferior, pela direita. Ao chegar a cada um dos cinco níveis de pisos e de assentos, o espectador tinha à sua frente um enorme poço afunilado, cujo diâmetro maior ficava na parte superior. A área do público, logo, assemelhava-se a sacadas de onde os espectadores podiam se ver diante, acima e abaixo uns dos outros, separados por um verdadeiro abismo. Os elementos vazados ofereciam aparência de fragilidade apavorante à estrutura, produzindo impacto sobre os espectadores; ainda assim, a complexidade de seu funcionamento seria responsável por vertigens ainda mais intensas.

A parte estrutural era complementada por uma série de recursos móveis com trajetórias, em geral, verticais. Uma plataforma circular metálica, de 7 metros de diâmetro, coberta de acrílico, era movida como um elevador no centro do poço, sustentada por um guindaste. Grande parte das cenas ocorria sobre essa plataforma transparente, exigindo que os atores representassem observando a circularidade, própria da arena. Duas das colunas que compunham a estrutura foram selecionadas, situadas em lados opostos do círculo, para que, em cada uma delas, fosse instalado um trilho sobre o qual deslizavam pequenas gruas capazes de transportar um ou dois atores. Do urdimento desciam duas pequenas pranchas de acrílico sustentadas apenas por cabos de aço. Os próprios atores desciam ao fosso e subiam ao teto, presos a cordas e cinturões de alpinista. A área de representação contava, ainda, com uma estrutura flexível e retrátil que se mantinha presa ao urdimento. Em momento oportuno, ela descia até atingir a plataforma de acrílico, no nível inferior, e, posteriormente, regulada pelos cabos de aço, formava uma espiral que atingia cerca de 9 metros de altura. Uma parte da área de público era móvel e, em dois momentos, se abria, deslocando consigo os espectadores. Numa dessas cenas, um praticável era introduzido, ocupando o espaço deixado pela abertura na parte inferior da estrutura. Por fim, no fosso havia um grande espelho parabólico que iluminava por reflexão todo o espaço cênico. O espetáculo ocupava o espaço em todas as suas dimensões; na parte interna do cone, os atores subiam ou desciam na plataforma, nas gruas, nas pranchas, sustentados por cordas ou escalando os degraus de ferragens. Abaixo da estrutura, no fosso, também se passavam cenas, como ao redor da estrutura, ou seja, atrás do público. A atenção do espectador era voltada sobretudo para o centro e verticalmente, mas as informações o envolviam por todos os lados. O novo conceito de espaço cênico conquistado com *Cemitério de automóveis* era reiterado e ampliado por Victor Garcia com *O balcão*, enfatizando a complexidade e a grandiosidade.

O arquiteto Wladimir Pereira Cardoso, responsável pela reconstrução do espaço cênico, explicava que já havia se envolvido com uma solução vertical em *Soraya, Posto 2*, de Pedro Bloch, na qual construíra um prédio de cinco andares no interior de um palco italiano. Em outra experiência, em Londres, Cardoso concebera um cenário inspirado no Globe Theatre, o tradicional teatro elisabetano que possuía galerias sobrepostas verticalmente. Outras fontes de inspiração confessas do cenógrafo foram o Teatro Total de Walter Gropius[9] e um cenário de Svoboda, com quem tivera contato em Praga (Magaldi, 19 dez. 1969).

---

9 Walter Gropius, arquiteto da Bauhaus, propôs, em 1927, a construção do Teatro Total ao lado de E. Piscator. O teatro teria forma oval e três palcos reversíveis. Cf. Argan (1995, p.269-70).

A RODA, A ENGRENAGEM E A MOEDA   115

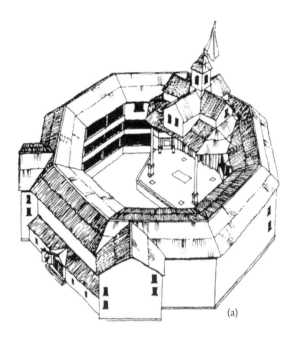

(a)

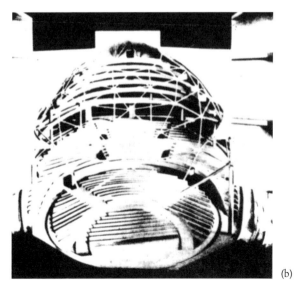

(b)

O tradicional teatro elisabetano (a) (Ratto, 1999, p.51) e o Teatro Total (b), concebido por W. Gropius (Mancini, 1996, p.168).

A composição cênica, contudo, impedia determinadas indicações que procuravam oferecer pistas ao espectador sobre a falsidade dos fatos: o lustre repetido, os biombos, o espelho refletindo a cama desfeita e as roupas comuns. Como demonstramos, esses elementos, na peça de Genet, são instrumentos importantes para fornecer, no mínimo, a ambigüidade. O princípio adotado por Garcia assemelha-se a uma distorção cubista. Tudo o que havia de figurativo no texto foi fragmentado e deslocado em partes ampliadas ou reduzidas e distribuídas segundo critérios particulares, cuja recomposição só seria possível por meio de uma visão distanciada, fora do alcance do público. Assim, o lustre pedido pelo autor não é visível sobre as cabeças, mas os atores estão flutuando sobre ele, uma vez que o que mais se assemelha a um lustre é a plataforma acrílica, que desce do teto. O espelho sai da frente dos atores e se incrusta no fosso. A recomposição dessas imagens não seria possível ao espectador, pois ele estaria imerso no espaço cênico, a distância necessária para perceber a reorganização do todo exigia outro suporte, por exemplo o filme cinematográfico.[10]

O espetáculo se iniciava com os olhares dos espectadores sendo atraídos para a parte superior do poço de onde descia uma plataforma circular, medindo 7 metros de diâmetro. A descida da plataforma, movimentada através dos cabos de aço pelo guindaste instalado na parte superior do edifício, oculto portanto, era lenta e uniforme, embalada pela grandiosidade de uma Missa de Mozart. A superfície de acrílico transparente e a estrutura de ferro tubular, soldada em círculos concêntricos e hastes radiais, tendiam a provocar certa ansiedade na platéia, impedida de identificar a personagem apenas delineada pelo ponto de vista inferior. Ao

---

10 O principal registro de O balcão é o documentário homônimo realizado por José Agripino. As tomadas feitas a distância e em ângulos diversos incorporam, em várias seqüências, a presença do público. Evidentemente a sua análise obedece aos critérios próprios da linguagem cinematográfica, mas é importante suscitar uma particularidade, visando localizar em que plano se encontra a visão totalizadora do encenador que, sendo global, por vezes exclui as diversas visões particulares, que são as dos espectadores de teatro, diferentes, pois, dos espectadores do cinema.

A RODA, A ENGRENAGEM E A MOEDA

O balcão, 1970. O Bispo (Raul Cortez) se envolvia com a Pecadora (Vera Lúcia Buono) (Arquivo do Teatro Ruth Escobar).

atingir o nível do olhar frontal, revelava-se uma figura descomunal, ricamente paramentada de dourado, com báculo e mitra e empunhando um adereço representando uma enorme mão com a posição típica da bênção papal, com os dedos indicador e médio erguidos e o anelar e o mínimo dobrados sob o polegar. Tudo indicava tratar-se de uma autoridade da Igreja católica. A plataforma parava automaticamente ao atingir o nível do primeiro lance de cadeiras. Enquanto o ator proferia suas primeiras palavras, exaltando os ornamentos, dois halterofilistas, usando apenas tapa-sexo, entravam na plataforma e, de um setor da estrutura metálica, revelava-se uma rampa embutida, com dobradiças na parte inferior. Abrindo-se para a frente, a rampa permitia que sobre ela deslizasse uma cama obstétrica. Uma atriz muito gorda, usando corpete, era colocada sobre a cama. O homem se colocava à frente e entre as pernas da atriz deitada, sugerindo penetrá-la histericamente com o báculo, ao mesmo tempo que a mulher explodia em gargalhadas. No auge da ação, outra mulher exigia que o homem se retirasse, ao que ele reagia pedindo mais tempo. Os halterofilistas giravam os comandos da mesa ginecológica até que ela atingisse a posição vertical, erguendo consigo a atriz. O homem era despido de todos os paramentos, ficando completamente nu e muito mais baixo que anteriormente, sem os altos coturnos que calçava. A sua humilhação se completava por meio de uma "tourada", na qual ele faz o papel do touro, e a mulher, o do toureiro, ao som de castanholas e gritos de "olé". Esgotado, o casal se deitava na plataforma coberto com os ornamentos, ao som de um suave raga hindu. Os mesmos contra-regras que trouxeram a cama ginecológica retiravam as peças de indumentária para que, em seguida, os atores deixassem a área de atuação, encerrando a primeira cena.

O público era então tomado de assalto por uma correria vinda de uma rampa próxima à área dos espectadores. Um ator seminu entrava na plataforma central perseguindo uma atriz, usando cintas-ligas, meias pretas e com os seios à mostra (Zanini, 31 dez. 1969). Um homem com uma enorme toga era transportado no interior de uma pequena grua que deslizava através de um trilho instalado junto da parte interna de uma das colunas. Essa personagem também possuía dimensões fora do normal, mas, em comparação à figura anterior, era composta com menor riqueza de detalhes. Do alto de seu compartimento, o homem de toga soltava uma corda para que, embaixo, o homem nu amarrasse a mulher e, com violento realismo, passasse a fustigá-la com um chicote. O homem de toga, outro cliente do bordel, procurava representar o Juiz, exigindo que a Ladra confessasse os crimes que cometera, sob a pressão do Carrasco. A prostituta não era tão hábil quanto seu parceiro no jogo de improvisação necessário à fantasia do Juiz. Com o desenvolvimento da cena, as personagens teriam seus lugares invertidos, de tal maneira que o Carrasco buscava arrancar, violentamente, carícias da Ladra no pequeno compartimento lateral, enquanto, na plataforma central, o Juiz proferia um discurso sobre o papel da Justiça. O Juiz acabava deitado na plataforma com a Ladra, que passava a subjugá-lo. A mulher entrava no compartimento que fora ocupado pelo Juiz, enquanto o Carrasco entrava em outro idêntico, no lado oposto do círculo. O Juiz caído, rastejando sobre a plataforma, era deixado pelos demais, transportados mecanicamente para o alto.

O balcão, 1970. O Juiz (Sérgio Mamberti) deitado na plataforma central. Abaixo, O Carrasco (Jonas Melo), com violento realismo, agredia a Ladra (Neide Duque) (Arquivo do Teatro Ruth Escobar).

A cena seguinte ocorria mais uma vez na plataforma central, onde um homem idoso era despido por uma mulher que, no desenrolar da encenação, seria identificada como Carmem. Seus trajes claros assemelhavam-na a uma santa católica. Carmem oferecia ao homem coturnos e um uniforme militar, vestidos ansiosamente por ele, em meio a queixas quanto ao atraso de alguém que estava por vir. Uma vez completada a paramentação, entrava em cena a personagem aguardada: uma mulher trajando corpete, *lingeries*, meias pretas e salto alto. Com o desenvolvimento da cena, o homem se deliciava em ver a mulher representar uma égua, relinchando e andando de quatro. O homem colocava-lhe arreios e a afagava como se fosse um animal. Ela ia alimentando a imaginação do velho, descrevendo as paisagens por onde passavam. O General estava montando sua égua, Pombinha, até atingirem um campo de batalha. Esta era a última e heróica contenda do General, antes da morte, de tal maneira que, ao final da cena, ela declarava triunfante: "meu herói morreu em pé!". Após essa deixa, explodia novamente a trilha inicial do espetáculo e a plataforma se erguia, retornando para o alto e desaparecendo na escuridão. Durante o transcorrer e, principalmente, no intervalo entre cada cena, o público sentia às suas costas o impacto de estouros de fogos de artifício.

O balcão, 1970. A prostituta assumia o papel de Pombinha (Thelma Reston), uma égua que conduzia o General (Dionísio Azevedo) à sua última batalha (Arquivo do Teatro Ruth Escobar).

Na cena seguinte, Garcia abandonava o caráter de desvendamento proposto pelo texto, pois o olhar do espectador, conduzido para o teto, era atraído pelo movimento de dois objetos que pareciam flutuar em trajetória descendente. Na trilha sonora, uma exótica canção hindu, semelhante à que animara o fim da primeira cena, acompanhava o movimento levemente pendular dessas duas pequenas gaiolas formadas, cada qual, por uma prancha acrílica em forma de elipse medindo, no máximo, 1,20 x 0,60 metros. As pranchas estavam sustentadas por uma estrutura simples, presa em cabos de aço vindos do teto. Em cada uma das gaiolas, foi instalado um refletor a pino, para iluminar as atrizes que atuavam sobre as pranchas. O efeito luminoso era reforçado por uma intensa contraluz vinda do fosso. Sem nenhum equipamento de segurança, duas atrizes interpretavam as personagens Carmem e Irma. As imagens de Carmem e de Irma guardavam semelhança entre si, graças aos lenços que traziam na cabeça, mas, em oposição, a primeira tinha roupas claras, enquanto a outra se apresentava toda de negro. Num primeiro momento, Carmem colocada no mesmo nível de Irma, estava se autoflagelando. Depois, deitadas em decúbito ventral, sobre as pranchas, as atrizes selavam um beijo a mais de 10 metros de altura e continuam travando um diálogo como se estivessem em trapézios. A desenvoltura com que atuavam provocava calafrios na platéia (Zanini, 31 dez. 1969), mas era desperdiçado um momento-chave do texto. Como vimos, o intuito de Genet com essa cena é claramente o da revelação, preservando algo do "equívoco". A cena que se passa no quarto de Irma é o outro lado dos espelhos. É a real intenção da cafetina em relação àquelas fantasias que se confundem com a realidade. Os sonhos das suas meninas ameaçam a continuidade dos negócios, pois friamente elas têm que continuar atuando. Elas são atrizes, não devem se envolver com seus papéis, para que somente os clientes confundam-se com as fantasias, retomando-as com freqüência e assiduidade. Irma estala o dinheiro, resultado concreto de sua condição de "produtora" das ilusões. Não há romantismo ou ambigüidades na personagem. Seu pragmatismo atinge as raias da comicidade, sobretudo no contraste com a singeleza, entendida como pieguice, com que Carmem encontra a satisfação em sua representação de Santa

O balcão, 1970. Carmem (Thaiz Moniz Portinho), à esquerda, dialogava com Irma (Assunta Perez), tendo um abismo sob seus pés. A maioria das cenas se desenvolvia no sentido vertical (Fernandes, 1985, p.94).

Tereza para um contador da província. A barganha que Irma propõe a Carmem, ofertando-lhe outros papéis para que ela se sinta reconfortada após a perda de sua personagem, é um trecho hilariante. O que ressalta no texto de Genet é a hipocrisia e a frieza de Irma, operando a manipulação infantil dos desejos de toda uma sociedade em troca de dinheiro, mas Garcia valorizava a leveza e a evanescência na cena. Por outro aspecto, a construção do espaço cênico oferecia grande dificuldade para que as palavras do intérprete fossem ouvidas. Os elementos vazados e a dimensão da área de representação tendiam a dispersar o texto. Nas primeiras situações, qualquer provável perda era compensada pelas fortes informações visuais, mas, no caso dessa cena, o diálogo era o motor. Iniciado no alto da área de representação, o texto corria o risco de se perder ficando ao espectador o clima onírico.

Com as atrizes já na plataforma central, o homem que representava o Carrasco, Artur, o cafetão, voltava à cena agindo grosseiramente contra Irma, na mesma medida em que a seduzia, mas tudo não passava de outra farsa pois, cansada do jogo, Irma humilhava Artur, exigindo que ele fosse às ruas em busca do Chefe de Polícia. Artur ficava apavorado e se negava a sair pois, fora do bordel, tinha início uma violenta revolução, representada pelos estrondos. Os argumentos de Artur eram absolutamente desprezados por Irma, firme em sua exigência. Contrariado, Artur atendia ao pedido da mulher.

Na cena seguinte, uma figura masculina no centro do espaço cênico era iluminada por um refletor a pino. A luz geral subia em resistência, revelando a plataforma de acrílico num poderoso efeito visual. Logo em seguida, Carmem e Irma apareciam junto do homem e deixavam-no apenas de cuecas, em meio a uma chacota, em que Carmem tratava-o como se fosse um bebê, colocando-o sobre a cama obstétrica, que voltara à área de atuação. O homem era o Chefe de Polícia, responsável pela manutenção da ordem e preocupado com a insurreição. Ele revelava a frustração de, entre tantas fantasias exigidas pelos clientes, jamais haver surgido alguém que quisesse representar o seu papel. Irma acariciava Georges, embalados pelos giros da cama ginecológica, impulsionada, como um brinquedo, por Carmem. Como o Chefe de Polícia ironizava a dedicação e as críticas de Irma com respeito à rebelião em curso no exterior, abruptamente a cafetina rechaçava Georges, empurrando-o para fora da cama e, de pé, insultava-o de idiota. A seqüência seguinte – inexistente no texto original – apresentava Irma deitada sobre a cama a girar com o ambiente pouco iluminado, realçando os brilhos metálicos do equipamento hospitalar. Carmem estava em pé ao lado da cama e, simultaneamente, três corpos despidos, presos por cinturões de pára-quedista a cabos de aço, pendiam do teto. Eles representavam personagens alegóricas, Sangue, Sêmen e Lágrimas, e surgiam para atormentar os sonhos de Irma. A dona do bordel era acordada do pesadelo com a eclosão da revolução. Artur, retornando ao Grande Balcão, era atingido por uma bala perdida e morreria, estabelecendo o pânico no bordel.

Em seguida, uma seção das arquibancadas era deslocada, abrindo a estrutura metálica. Os espectadores daquele setor, logo, seriam movimentados juntamente com a estrutura. Um praticável era introduzido no vão deixado pela abertura da platéia e, abaixo dele, percebia-se, através do acrílico e da estrutura das arquiban-

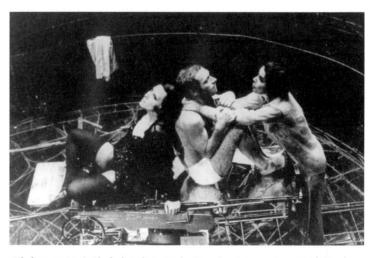

O balcão, 1970. O Chefe de Polícia (Paulo César Pereio) entre Irma (Ruth Escobar), à esquerda, e Carmem (Célia Helena). O desejo de Georges era ver-se representado entre as fantasias do bordel (Arquivo do Teatro Ruth Escobar).

cadas, a tumultuada movimentação de atores, num nível ainda mais baixo. Tratava-se do encontro entre Roger e Chantal, o revolucionário e a prostituta que abandonou o bordel e foi aclamada musa da revolução. O casal trocava juras de amor, até que outro revolucionário surgia na parte mais alta do espaço cênico, desejando comprar Chantal. Roger não estava disposto a cedê-la, alegando que ela pertencia ao seu setor. O homem propunha alugá-la ou trocá-la por um número crescente de mulheres que atingia uma centena. Os revolucionários precisavam da mulher a qualquer custo, porque pretendiam tomar o Palácio naquela noite e esperavam que ela cantasse do balcão para encorajá-los. Roger hesitava, mas Chantal estava determinada a assumir esse papel, alegando que a experiência no bordel a ensinara a representar e enganar a todos, de modo que, agora, pretendia colocar seus talentos a serviço da revolução, o que Roger não podia impedir.

A arquibancada retornava à posição de origem e, na cena seguinte, anunciava-se a morte da Rainha e que os revolucionários haviam tomado o poder. A revolução surtia efeito e o Grande Balcão estava sitiado. Artur, morto, estava sendo velado no único salão restante, o Salão Funerário. Era sugerido a Madame Irma que convocasse seus clientes a assumir as figuras que estavam representando diante dos revolucionários, como forma de tentar impedir o seu avanço. Esse momento é o que mais se aproxima de algum traço de absurdo, no texto de Genet, pois o Poder Político é inatingível, tanto que o representante da Rainha, o Enviado, jamais se abala com a rebelião. Ao situar O *balcão* em um país monárquico, Genet reiterava a denúncia da falta de sentido de um Poder que não passa de fantasia, sustentada apenas por meio das aparências. Essa cena foi simplesmente cortada, como atesta Rofran Fernandes:

> O primeiro problema enfrentado foi com referência à duração do espetáculo. Na noite de estréia, dia 29 de dezembro de 1969, demorou quatro horas. Era a primeira vez que o espetáculo ia até o fim. Nunca se conseguira antes, apesar de tudo parcialmente apurado, correr o espetáculo ... as quatro horas de duração surpreenderam e eram demais! Reuniu-se a cúpula do espetáculo e decidiu-se pelos cortes, que seriam postos em prática logo na segunda récita. Assim todas as cenas do "Enviado" ... seriam suprimidas. Mais uma vez Victor Garcia exerceria seu poder ditatorial outorgado, segundo

ele, pelo autor da peça. As longas conversas do "Enviado" que não interferiam na brilhante *mise-en-scène* do diretor, foram todas cortadas... (Fernandes, 1985, p.86)[11]

As três figuras iniciais do espetáculo, com Irma vestindo um manto de arminho e usando uma enorme coroa, eram transportadas sobre a plataforma acrílica. Quando as verdadeiras instituições eram ameaçadas por uma revolta, o bordel se releva a última e, em certo sentido, a mais sólida entre todas as instituições que exerciam seus poderes conservadores por meio da capacidade de simular e de persuadir.

Durante a descida dos ocupantes do bordel, aquele setor da platéia, que se abrira na cena do encontro de Chantal e Roger, era novamente deslocado, representando a abertura do bordel ao mundo exterior, no qual a Rainha, o Bispo, o General e o Juiz se apresentariam aos revolucionários. O espaço cênico produzia outra distorção, reduzindo a importância dos fotógrafos na cena, uma clara alusão ao papel da imprensa, denunciando a mentira por trás da "objetividade jornalística". Na encenação, Garcia fazia com que as personagens paramentadas descessem pela plataforma central e saíssem para encontrar os revolucionários no exterior do bordel, momento em que são fotografados, sem destaque para a situação. Mantendo sua solenidade e assediadas pelos fotógrafos, as "autoridades" tentavam cumprir seus papéis, sem atingir seus objetivos, pois um conjunto de personagens, simplesmente trajados, com camisetas e calças jeans, desprezavam a grandiosidade e a exuberância dos membros da "nomenclatura"[12] puxando suas capas, pulando, gritando à frente deles, enfim, ridicularizando-os. Enquanto isso ocorria na área central, uma enorme espiral flexível de tela de arame descia até a altura da plataforma, atingindo cerca de 9 metros de altura, presa por cabos de aço vindos do teto. Humilhadas, as

---

[11] Difícil sustentar que tais cortes tenham sido produzidos em busca da "essência" do texto. Claramente se devem a atender ao "costume burguês" de freqüentar o teatro como parte de um programa que tende a terminar com um jantar. Para atender a tal "rito", o espetáculo teatral precisa levar em conta o tempo necessário para o envolvimento do espectador com outras etapas do roteiro.

[12] Genet chama o conjunto das alegorias do Grande Balcão de *nomenclatura* (Genet, 1976, p.154).

personagens retornavam ao espaço de origem e o setor da platéia se fechava novamente atrás delas. As figuras assustadas subiam na espiral, enquanto ao redor da estrutura ouviam-se gritos e notava-se a correria dos atores que representavam os revolucionários. No tumulto, após um estampido, Chantal descia do urdimento exatamente no centro da espiral, com o corpo sem resistência, desacordada. Chantal era morta, vítima de um tiro, ao atingir o Grande Balcão. Um contra-regra esperava o corpo da atriz na parte inferior, guiando a descida por um alçapão que levava ao porão.[13]

A cena seguinte se desenrolava na rampa em espiral, extremamente forte, apesar da aparência frágil e flexível. Os atores descreviam corridas e movimentos intensos sobre ela, principalmente o Bispo, que voltaria a se desnudar e a desenvolver gestos característicos da dança flamenca, sob o olhar atento de seus pares. A discussão girava em torno dos destinos dessas personagens estando a sociedade em ruínas. Georges retornava, subindo a rampa, estafado. Recebido por Irma que, apavorada, o abraçava, o Chefe de Polícia anunciava que vencera a revolta. Irma, então, acenava para o centro da espiral. Do alto do urdimento, descia Roger, vestindo sobretudo, luvas e coturnos descomunais. O revolucionário estava entrando no Salão Mausoléu, único salão restante do Grande Balcão em ruínas. Ele representaria, pela primeira vez, o Chefe de Polícia. Carmem, a prostituta que o atendia, ouvia do revolucionário, travestido em seu oponente, o desejo de subjugar um escravo. Envolvido pela espiral e deitado na plataforma, o escravo era visto entre as pernas do gigante formado por Roger, com Carmem a observá-lo. Em seguida, Roger despido era içado pelos cabos de aço, sempre sob o olhar de Carmem, vestida com um estranho figurino, que fazia lembrar a Avó de *Cemitério de automóveis* (ver p.81). No centro da espiral e suspenso no ar, Roger executava um gesto que sugeria sua castração, acom-

---

13 É digno de nota que Nilda Maria viveu literalmente esse papel. No dia 5 de maio de 1970, a atriz não compareceu ao teatro porque fora presa pelos agentes da ditadura militar, passando seis meses em reclusão (Fernandes, 1985, p.89). Em depoimento que recolhemos com a atriz, ela falou sobre a visita que Genet lhe fez no Presídio Tiradentes. "Ele era um homem que sabia o que era estar na cadeia." Muito emocionado ele dissera: "Mais que uma atriz, uma verdadeira revolucionária". Entrevista em 10 de julho de 1998.

panhada por um grito desesperado. Os cabos de aço levavam Roger novamente para baixo e, assim como ocorreu com Chantal, um contra-regra orientava a passagem do ator até o porão.

O balcão, 1970. Irma (Ruth Escobar) e o Bispo (Raul Cortez) (Arquivo do Teatro Ruth Escobar).

Diante do gesto de Roger, a imagem do Chefe de Polícia entrava para a nomenclatura mutilada; Georges se trancaria no Salão Mausoléu, desaparecendo para sempre, enquanto a rampa voltava para o teto e, de acordo com o texto, Irma convidaria o público a retornar para casa, onde tudo seria tão falso quanto fora ali, seguido de um último crepitar de metralhadoras antes que "caísse o pano". Mas Victor Garcia desprezava essa cena e introduzia outra imagem. Do fundo do porão, uma intensa luz se acendia. O ofuscamento cobrava alguns instantes para que o olhar compreendesse a origem dos movimentos que eram realizados lentamente por um conjunto de atores, todos praticamente nus. Ao poucos, eles galgavam a estrutura e subiam, sincronizadamente, em direção ao teto. No centro, o ator que interpretava Roger, também seminu, era içado com os braços voltados para o alto, ao som da Missa de Mozart que abrira o espetáculo. Operários acionavam, então, as suas máquinas de solda, provocando lampejos de luz, até o desaparecimento dos atores no alto da estrutura de metal. Em

O balcão, 1970. Cena final: do fosso, junto do espelho parabólico, os homens despertavam e escalavam a estrutura do espaço cênico em direção às alturas. Adeus às armas (Arquivo do Teatro Ruth Escobar).

vez do enfrentamento contra os poderes estabelecidos, Garcia convidava a um "adeus às armas". Roger, o revolucionário, flutuava despido, alma ressuscitada em direção aos céus, seguida pelos homens igualmente nus. A batalha estava finda, a luta dos guerrilheiros e revoltosos seria redimida no reino das alturas. Chegava ao fim a apresentação de O balcão.

A VITÓRIA DAS APARÊNCIAS

Consagrada pelo êxito, a montagem encerrou sua temporada somente em 16 de agosto de 1971, quando toda a gigantesca estrutura afunilada teve que ser cerrada, para que pudesse sair do interior do edifício, e inutilizada: seu destino foi o "ferro-velho". A polêmica contribuiu para que O balcão notabilizasse os nomes de Victor Garcia e de Ruth Escobar sob o signo do inusitado e do arrojo. Mesmo com estréia às vésperas da avaliação das comissões julgadoras, O balcão arrebatou importantes prêmios; a Associação Paulista dos Críticos Teatrais (APCT) consagrou-o como melhores: o espetáculo; a atriz coadjuvante, Célia Helena; o ator coadjuvante, Jonas Melo; o cenógrafo, Wladimir Pereira Cardoso; o figurinista, Victor Garcia; o tradutor, Martim Gonçalves; e outorgou um prêmio especial de Personalidade do Ano a Ruth Escobar.

A manifestação do ódio de Genet contra a sociedade burguesa se tornava um "excelente entretenimento" (Fernandes, 1985, p.85) e "um achado econômico" (O balcão: uma loucura..., 5 abr. 1970): após quatro meses de espetáculo, Carlos Augusto Strazzer, ator e assistente de direção, declarava que a montagem cobrira os custos da produção. Resultado paradoxal para alguém como Victor Garcia, que fora apresentado como um combatente contra a "górgona de goela de esponja que transforma tudo em mercadoria da cultura" (Programa da peça *Cemitério de automóveis*). Mais uma vez, a condição de produto da indústria do divertimento afastava Victor Garcia de Artaud e, por outros caminhos, também de Genet. O que determina uma relação burguesa não é o conteúdo, mas os meios de produção. Dessa vez a "medusa" transformava em "entretenimento" a dramática realidade que cruelmente atingia alguns brasileiros de carne e osso. O "ritual" de retorno do Chefe de Polícia, vitorioso no combate aos rebeldes, não fora um espetáculo para o revolucionários como Marighella, Lamarca e outros tantos combatentes nas forças de resistência contra a ditadura militar. Na montagem de Victor Garcia, ao serem exaltadas a monumentalidade e a solenidade litúrgica, restava o esplendor da falsidade e desapareceia o horror da realidade. A mentira permaneceu oculta, a aparência sobrepôs-se à essência.

Quem melhor compreendeu isso foi o tradutor de Genet, Martim Gonçalves (24 fev. 1970), que reconheceu a montagem como "certamente o maior sucesso da temporada" com casa lotada, filas e "gente voltando para casa decepcionada por não conseguir comprar um ingresso. Um grande sucesso artístico e um grande sucesso financeiro". O sucesso era atribuído, em parte, "aos sete meses durante os quais foi destruído um teatro ... e construído outro que, pela concepção e mecanismos especiais, fornece grande atração". Para Gonçalves, sem a estrutura criada pelo diretor, não haveria mais nada, pois o espetáculo substituía completamente o texto de Genet "por uma fantasmagórica atmosfera carregada de símbolos e de ritmos cênicos". Ao final das contas, o texto "não encontrou tradução no ritual de Victor Garcia". Para o tradutor ficara o encantamento, o esplendor e o hipnotismo; apenas "cinco ou seis atores" sabiam o que diziam em cena. Gonçalves criticava, ainda, a falta de critérios e de ousadia do encenador na apropriação do texto; julgava o corte da personagem, o Enviado, uma anulação da possibilidade de compreensão da peça; e que, do texto original, só "ficou a casca, o invólucro convencional", em vez da "essência" que o encenador dizia ter encontrado.

Gonçalves (26 fev. 1970) voltava a escrever, insistindo que, enquanto "Liturgia Teatral", a concepção se realizava plenamente, mas o texto foi completamente desprezado. Transcrevia a opinião do encenador, segundo a qual o mais importante era a capacidade de comunicação através do "espetacular", não importando muito o que se pretendia oferecer, seja espiritual, seja mágica seja poeticamente. Mas o tradutor não se convencia de que houve um encontro harmônico entre concepção cênica e texto. Lamentava:

Sei que há uma grande tendência hoje em dia para a abolição da palavra ou pelo menos pela diminuição de seu papel no teatro. Acho que em países como a França, em que a palavra talvez tenha perdido a sua primazia e que o homem sinta necessidade de uma volta ao primitivo e tenha de berrar, urrar, etc., para tentar mais comunicação tão necessária e tão difícil, o teatro possa e deva utilizar as formas mais primárias e mais agressivas de contato. Mas, nós que saímos há pouco do primitivo, temos que realizar a viagem inversa ... não podemos desprezar aquilo que ainda não possuímos. (Ibidem)

Ao contrário de Yan Michálski e outros, Martim Gonçalves não se declarava espantado com o fato de uma produção tão arrojada ter se realizado num país como o Brasil. Ao contrário, somente em nosso país seriam possíveis realizações como esta, traçando, como paralelo entre arrojo e subdesenvolvimento, a construção de Brasília.

Atribuir a *O balcão* um índice de superação do subdesenvolvimento brasileiro constitui, talvez, o maior equívoco dentre todos os que giraram em torno do espetáculo. Ao contrário, foi a condição de periferia do capitalismo que permitiu a construção do monumental espaço cênico idealizado por Victor Garcia. Logo de início, é preciso esclarecer que grande parte do material utilizado em *O balcão* era proveniente de *sobras* da construção da Praça Roosevelt, dadas pela Rossi Engenharia, excesso portanto de uma obra pública (Fernandes, 1985, p.86). A montagem despertou o interesse do diretor do Public Theatre de Nova York, Joseph Papp, que, no entanto, não pôde arcar com a produção:

Pena que eu não possa fazê-lo aqui. Seria sucesso garantido, porém a normalização (*sic*) a que estamos sujeitos na confecção dos nossos cenários, mais a caríssima mão-de-obra norte americana, elevariam os custos da produção a um nível que trezentos lugares com que vocês operaram em São Paulo, jamais pagariam os nossos custos de produção e manutenção. Só um país subdesenvolvido, com mão-de-obra barata como o Brasil, pode fazer uma obra artesanal como esta. (ibidem, p.86)

A mão-de-obra barata do Brasil era subdesenvolvida também no que se referia às condições de trabalho, pois estiveram envolvidos dezoito operários, que trabalharam "20 horas por dia, durante 5 meses", segundo Wladimir Pereira Cardoso (19 dez. 1969).[14] "Todos dormíamos no Teatro Ruth Escobar, distribuídos até pelo teto, e instalamos um fogão, para que uma cozinheira, que chegava às 7 horas da manhã, fizesse lá mesmo nossa comida" (ibidem). A normatização, a que se referia Papp, diz respeito também às normas de segurança, que poderiam ter evitado acidentes como o que ocorreu com a atriz Vera Lúcia Buono, que contracenava com o Bispo; a cobertura acrílica da plataforma circular se rompeu, prendendo a perna da atriz entre os estilhaços (Lessa, 28 abr. 1970).

Oscar Araripe também manifestava reservas em relação a *O balcão*, não enxergando "vanguarda" na montagem paulistana e, sim, crespúsculo. Mesmo exaltando as qualidades "plásticas" do espetáculo, julgava-o "mais confuso que o texto original" e assinalava como contraditória a opção de Garcia pela monumentalidade, trabalhando numa realidade economicamente adversa, enquanto "uma quase totalidade de grupos de vanguarda – muitos trabalhando nos países ricos – ... perseguem uma teatralização despojada" (6 mar. 1970)

Apesar de julgarmos insuficientes as ligações entre o universo literário de Genet, a encenação de Garcia e as teorias de Artaud, a opinião mais objetiva sobre *O balcão* foi expressa por Anatol Rosenfeld (1993). O analista assinalava que, apesar da repetida distância entre texto e encenação, o diretor assimilou "o magma ... incandescente, ainda não solidificado em rocha verbal", usado a serviço de "uma linguagem cênica de extrema riqueza audiovisual" com "função conotativa e encantatória", que se tornam "ritmo, som, cor, volume e movimento" (p.173-4). Haveria uma coerência entre os trabalhos do encenador e do autor, na medida em que ambos sofrem influência, direta ou indireta, de Artaud. Em ambos, encontraríamos a busca por "um teatro irracional, 'pré-lógico', selvagem, 'primitivo', anárquico, sadomasoquista, 'cruel'" (p.174). A eficiên-

---

14 Repetido no programa do espetáculo.

cia do espetáculo, portanto, em concordância com Artaud, se daria pela busca da "metafísica" que deve penetrar nosso íntimo "através de estímulos sensoriais". No caso particular de Genet, "se trata de uma metafísica às avessas", um "ritual sem religião" ou "religião do mal, satânica" que exige a celebração similar à do sagrado.[15] O encenador era considerado "um dos mais notáveis expoentes, criador de uma verdadeira 'poesia espacial'" (p.175). Rosenfeld salientava, como o teor fundamental, a "sensação assustadora do vácuo, no sentido existencialista", o "real e o substancial" não passam de aparências; os "papéis sociais" não passam de ilusão e "tudo é mera imagem e representação sem essência". É uma visão niilista, pois a "revolução que deveria destruir a sociedade ilusionista ... no máximo, criará uma nova sociedade ilusionista". A manifestação em relação ao espaço cênico merece transcrição:

> Garcia, com efeito, traduziu esta concepção em termos visuais, transformando o teatro em um funil e montando nele a espiral ... que aliás, desce para o fundo dentro da espiral das rampas nas quais se movimentam e onde tomam assento os espectadores "envolvidos" pela visão do mundo de Genet. A vertigem simbólica provocada pelo rodopiar do pião, característico da dramaturgia genetiana, é transportada para o plano físico mercê da colocação do espectador no próprio funil. A verticalidade da construção arquitetônica, apoiando a rotação vertiginosa do carrossel dialético do texto, suscita vertigens em quem deixou de ser espectador para se tornar vítima, se colocando, suspenso, à margem do abismo. O estado mórbido da vertigem, em que todos os objetos parecem girar em torno de nós, é reforçado pela aparente fragilidade da estrutura. Rede trançada de metal, sem solidez das coisas maciças, feita por assim dizer de vazios, vibrando e oscilando no decurso do espetáculo, ela predispõe os presentes para pavores infantis de quedas oníricas. O aspecto circense da encenação, com os atores flutuando no espaço, aumenta a sensação de angústia e pesadelo. A grande plataforma de acrílico, transparente e atravessada por faixa de luz, contribui para intensificar a impressão de irracionalidade, a ilusão de que a própria solidez do chão abaixo dos pés é apenas ilusão. (p.176-7)

---

15 Já demonstramos nossa discordância com relação a esse ponto de vista com base em comentários de outros críticos.

Rosenfeld destacava, porém, a contradição da concepção de *O balcão*, que fazia "uso e ... mesmo a glorificação de recursos técnicos complicados no contexto de um espetáculo irracionalista, de tendências arcaicas e 'primitivistas'. No fundo, apetrechos sofisticados, ápices da racionalidade e da civilização, são empregados para agredir a civilização" (p.175). Anatol Rosenfeld declarava que não havia restrições a serem feitas em "termos puramente teatrais", entretanto chamava a atenção para o fato de que "o teatro é uma instituição que faz parte de todo o contexto cultural" (p.178), assim sendo, "julga extremamente dúbias ... as tendências irracionalistas que atualmente se alastram pelo mundo, também no campo cênico". Nessa perspectiva, as propostas inspiradas em Artaud, se "unilaterais, só podem prejudicar o teatro", lugar de "lucidez, de crítica racional, de discussão intelectual de valores, fato que ... não nega ... a intensa participação emocional". O crítico encerrava, parafraseando Peter Brook, um profundo conhecedor de Artaud, que criticava a "exaltação das 'forças inconscientes'", temendo um "odor fascista no culto do irracional" (ibidem).

Nossa conclusão é que o espaço cênico não contribuiu para produzir as críticas que o texto propunha. A magnificiência e sua engenhosidade mecânicas encantaram o espectador e a crítica. Os paramentos e as imagens produzidas no Grande Balcão deveriam iludir sobre a sua solidez; em verdade, uma frágil, mas poderosa película que cobre um mundo, por meio da ilusão. A criação de Garcia, ao contrário, apenas aparenta ser frágil e desmontável, sendo forte o suficiente para comportar a todos, espectadores e atores. As supressões e os acréscimos, assim como a leitura particular de Victor Garcia, davam à encenação de *O balcão* autonomia em relação ao texto-base e o espaço cênico, por seu turno, conquistava independência ainda maior. Mais que isso, o espaço cênico também vai perdendo significado para o encenador em favor das possibilidades de mecanização dos elementos do cenário, atribuindo-lhes propriedades anímicas. Com a experiência de *O balcão*, Victor Garcia se afastava ainda mais do ator, e os principais aliados de sua criação passavam a ser o engenheiro e, sobretudo, o produtor.

***

A DERROCADA DO PENSAMENTO DE VANGUARDA

As chamadas Vanguardas Artísticas correspondem à idéia de vanguarda com a qual a obra de Victor Garcia foi rotulada? Como vemos, a crítica considerou como traço de vanguarda na produção de *O balcão* a inovação técnica, a alta tecnologia aplicada ao teatro que alinhava o Brasil com as potências mundiais, que dia a dia divulgavam novas conquistas no campo da ciência e da indústria. Já demonstramos que especificamente a montagem de Victor Garcia é fruto da contradição capitalista num país subdesenvolvido: mão-de-obra barata, ausência de garantias trabalhistas, falta de segurança para os atores etc. Além disso, já apresentamos a origem da noção de Vanguarda entre as forças revolucionárias de 1848 a 1871 e os pressupostos de rompimento com as estruturas estáveis da sociedade capitalista e de classes, que orientaram as Vanguardas Artísticas, após as primeiras décadas do século XX. A ação dos artistas perante o modernismo foi orientada por um valor paradigmático, cujo emblema é a *máquina*. No entanto, entre a utopia emancipadora da máquina e o seu sentido degradante e opressivo, o segundo parece ter sido vitorioso, de acordo com as opiniões de alguns autores que pretendemos apresentar.

Eduardo Subirats, em *Da vanguarda ao pós-moderno* (1991), parte da constatação de que o sentido revolucionário, emancipador e utópico da estética moderna chegou ao limite do esgotamento. Tomada em sentido global e sintético, a vanguarda apresenta três aspectos, em torno dos quais giram suas principais contradições: negação da tradição, afirmação do presente e colonização do futuro. Nesse sentido, o conceito de vanguarda, indissociável de modernidade, abrigou em suas origens "um fenômeno cultural de signo negativo, crítico e combativo, cuja razão de ser primordial se estriba na oposição e resistência contra a opacidade, reificação ou alienação de formas culturais objetivas" (ibidem, p.49). Conforme exposto anteriormente, o período histórico e a noção de civilização compreendida como "modernidade" contêm, como categorias estéticas correspondentes, as Vanguardas Artísticas. A condição histórica do surgimento da modernidade – e da vanguarda artística – é o desenvolvimento tecnológico e industrial. David Harvey remonta ao modernismo como extensão da modernidade iluminista dotada de um projeto igualmente libertário:

> A idéia era usar o acúmulo de conhecimento gerado por muitas pessoas trabalhando livre e criativamente em busca da emancipação humana e do enriquecimento da vida diária. O domínio científico da natureza prometia liberdade da escassez, da necessidade e da arbitrariedade das calamidades naturais. O desenvolvimento das formas racionais de organização social e de modos racionais de pensamento prometia a libertação das irracionalidades do mito, da religião, da superstição, liberação do uso arbitrário do poder, bem como do lado sombrio da nossa própria natureza humana. Somente por meio de tal projeto poderiam as qualidades universais, eternas e imutáveis de toda a humanidade ser reveladas. (1994, p.23)

O "maquinismo" é o paradigma entre as sociedades do século XIX e do século XX. Nesse sentido, a máquina ocupa um papel de destaque no plano simbólico e iconográfico, tanto com funções "demiúrgicas, proféticas e messiânicas, bem como demoníacas, infernais e destrutivas" (Subirats, 1991, p.26). Em linhas gerais, a crença na capacidade emancipadora da indústria como instrumento de libertação e autonomia tendeu à racionalização em substituição às necessidades vitais. Esse processo merece a denominação de "destruição criativa" por Harvey (1994), que busca, em Baudelaire e em Nietzsche, argumentos para afirmar que "o moderno não era senão uma energia vital, a vontade de viver e de poder, nadando num mar de desordem, anarquia, destruição, alienação pessoal e desespero" (p.25). Esteticamente, a "destruição criativa" ou "criação destrutiva" tem o *Fausto* como símbolo, "um herói épico preparado para destruir mitos religiosos, valores tradicionais e modos de vida costumeiros para construir um admirável mundo novo" que não hesita em fazer Mefistófeles eliminar um casal de velhos que não se "enquadra nos planos do mestre" (p.26). Se o "modernismo" em certos aspectos se opõe à "modernidade", ou seja, se as Vanguardas Artísticas tinham como objetivo denunciar a irracionalidade por trás da imposição dos valores modernos, a ação colonizadora sobre o pensamento resultou em formas semelhantes, sobretudo através da expansão dos valores de vanguarda às sociedades pré-industriais, exemplificados, entre outros, pela presença de Le Corbusier no Brasil e na Espanha:

o arquiteto se extasia de emoção ante o inesperado espetáculo dos ondulados movimentos das sambistas cariocas, e se surpreende intimamente quando observa a proporção interior e a harmonia com a natureza das velhas casas de campo nas terras de Valencia. Isso não impede, entretanto, de postular nas conferências que proferiu em ambos os países o *dictat* de uma estética anti-sensualista e agressivamente cartesiana, uma concepção de arquitetura radicalmente separada da natureza e o sacrifício da história em nome da hegemonia universal da técnica. (Subirats, 1991, p.15)

A determinação de impor padrões desejada por Le Corbusier é confirmada por Argan (1995, p.265), visto que seus fundamentos são o cartesianismo e o iluminismo rosseauniano. Para o arquiteto, a França e o modelo de "sociedade sadia" são extensivos ao mundo, preservando a natureza, mas "sem deter o desenvolvimento tecnológico, pois o destino natural da sociedade é o progresso". Lúcio Costa, arquiteto que realizou o "Plano Piloto" de Brasília, segundo orientação semelhante, desconsiderou a população pobre, de modo que sugeriu que ficasse a cargo da companhia urbanizadora "prover dentro do esquema proposto acomodações decentes e econômicas para a totalidade da população" (Jover, 1982, p.266).

Se o sentido idealista do modernismo era legítimo enquanto fenômeno europeu que nega um passado maculado pela Guerra Mundial e pelas crises revolucionárias, por outro lado ele se expande de forma normativa e doutrinária aos países considerados "pré-industriais", resultando no massacre às identidades nacionais e regionais, na cisão da relação humana com a natureza e com as formas de pensamento ligadas às tradições no plano das artes. Em síntese, por trás do conceito *vanguarda* se abrigam contradições cujo saldo é o reverso de suas proposições iniciais. O objetivo de Subirats (1991), no entanto, é o redimensionamento do pensamento de vanguarda com o fito de, reconhecendo suas contradições, elaborar propostas que restabeleçam o sentido utópico e libertador de sua origem. As críticas do autor atingem mais diretamente a arquitetura e o urbanismo, mas apresentam aspectos globais que nos servem de lastro. A produção do escândalo como atitude libertadora e a agressividade como instrumento de resistência terminam por se incorporar meramente como fator de diferenciação e de valorização da individualidade e da personalidade do artista. Por outro aspecto, logo após a eclosão da Segunda Guerra Mundial, os principais movimentos de vanguarda já haviam perdido completamente seu impulso criativo e a sua capacidade de renovação incorporados numa nova espécie de tradição ou massacrados pelos regimes políticos vigentes. O futurismo, talvez o mais conservador de todos os movimentos modernistas, guardava total identidade com o fascismo de Mussolini, sendo o exemplo mais característico da ambigüidade de um projeto de vanguarda pautado na exaltação da agressividade, da indústria, do patriotismo e da guerra. As sucessivas agressões ao público burguês, igualmente, perderam seu efeito: "se o propósito era '*épater le bourgeois*' ... mesmo o bom burguês entendeu o jogo e não se deixou aturdir. O público comparecia com o intuito de promover o 'seu carnaval'" (Cangiullo apud Garcia, 1997, p.189). Os *ready-mades*, ao contrário de abolir a obra de arte, como pretendiam os dadaístas, elevaram o descartável à condição artística. Na Alemanha, o expressionismo não teve mais ambiente para prosperar, condenado como "arte degenerada", após a subida de Hitler ao poder. Por volta de 1929, após sucessivos rompimentos, o surrealismo passou a ser um projeto centralizado e arbitrado por Breton. Por fim, o cubo-futurismo russo teve o seu caminho interrompido pela ascensão do totalitarismo na União Soviética e a elevação da doutrina do realismo socialista como dogma, resultando, entre outras tantas perdas, no suicídio de Maiakóvski.

Subirats nos recorda que é característico da arte moderna "incorporar a expressividade ou o sentido do numinoso e irracional das culturas tradicionalmente consideradas primitivas" (1991, p.18). Entre os artistas que assim se posicionaram encontram-se os expressionistas, os cubistas, Gauguin e Artaud. Estes últimos "refletiram artisticamente o niilismo, o vazio simbólico e vital, e o mal-estar cultural das metrópoles européias; ambos expressaram o fim de uma cultura histórica e ambos partiram para fora da civilização, em busca de formas, cores e símbolos capazes de dar nova força a suas criações e, com elas, à cultura moderna" (ibidem, p.19). A partir dessas afirmações, é possível estabelecer ligações que acentuam as contradições presentes na obra de Victor Garcia e elucidam o papel devastador da idéia de vanguarda em nossa cultura. Se as sociedades européias e americanas procuravam explicações ou inspiração nas sociedades não industriais como prova de que o reinado da racionalidade e da tecnologia não haviam sido suficientes para produzir um estado de bem-estar social, caberia aos produtores e críticos brasileiros levarem tais circunstâncias em consideração. Aclamar a obra de Victor Garcia sob o emblema da vanguarda pressupunha justamente assumir uma perspectiva colonizada e subalternalizante que valorizava os aspectos formais e a aparência de desenvolvimento que emanavam das produções dos países industriais. O que torna nossa crítica mais aguda com relação ao trabalho de Victor Garcia é o fato de que ele havia contemplado os perigos acarretados por uma noção de progresso baseado numa crescente industrialização pela produção de *Cemitério de automóveis* e apontados por Anatol Rosenfeld, e este, na crítica que transcrevemos, utilizou-se dos recursos provenientes dessa mesma noção de "progresso" para criticar a violência da sociedade nele baseada. Ou Victor Garcia desprezava o conteúdo das críticas que formulava ou acreditava estar imune ao ambiente opressivo que suas encenações retratavam. O tempo se encarregaria de dar a resposta.

4 AUTOS SACRAMENTAIS

> Pois não é para este mundo,
> Nunca é para esta terra onde todos,
> desde sempre, trabalhamos, lutamos,
> Uivando de horror, de fome, miséria,
> ódio, escândalo e nojo
> E onde fomos todos envenenados,
> Embora com tudo isso tenhamos sido enfeitiçados
> E finalmente nos suicidamos
> Como se não fôssemos todos, como o pobre
> van Gogh, suicidados pela sociedade?
>
> (Antonin Artaud, *Van Gogh, o suicidado da sociedade*)

Cemitério de automóveis e, principalmente, *O balcão* tornaram-se indissociáveis do nome de Victor Garcia, e pouco se falou a respeito de outras experiências do encenador com produção brasileira. Após 1974, última vez em que ele esteve no país, seu nome só voltou a ter espaço na mídia em 1982, por conta de sua morte precoce, aos 48 anos. *O Estado de S. Paulo*, por meio do título "Morre em Paris o diretor de *O balcão*", demonstra como, na memória da imprensa brasileira, estavam ligados a obra e seu criador. Nas homenagens póstumas prestadas ao encenador argentino, a montagem de *Autos sacramentais*, de Calderón de la Barca, foi lembrada apenas de passagem. Em 1995, Jefferson Del Rios promoveu a Mostra Victor Garcia, no 5º Fiac, Festival Internacional de Teatro, organizado por Ruth Escobar. Nessa oportunidade, foi lançado o documentário *Jouez encore, payez encore*

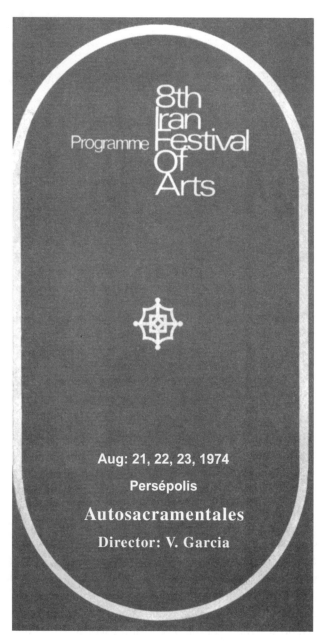

Programa do Festival.

(1975), de Andréa Tonacci, no qual se registra a excursão que a Companhia do Teatro Ruth Escobar realizou com o espetáculo. Nas palavras de Rofran Fernandes, "nenhuma produção da chancela Ruth Escobar teve história mais insólita" (1985, p.177). Nos termos estritos de nossa pesquisa – a importância do espaço cênico –, *Autos sacramentais* corresponde a um retrocesso no que se refere às relações de representação, pois a concepção exigia a frontalidade. Quanto à monumentalidade e à engenhosidade, ele confirma tendência observada em *O balcão*, mas a recuperação dos fatos revela as contradições, distorções e mistificações que cercaram o trabalho de Victor Garcia. Julgo válido afirmar que *Autos sacramentais* foi devidamente expurgado do conjunto de sua obra, pois constitui um fracasso na experiência do encenador e demonstra que as concepções de seus espetáculos eram indissociáveis das condições de produção, garantidas pelo *modus operandi* da empresária Ruth Escobar. Tal qual seu elenco, a experiência de *Autos sacramentais* põe a nu o teatro de Victor Garcia, no Brasil. Para entendermos como se articulam essas idéias, retornemos à cronologia.

RETORNO AO BRASIL

Seis meses após a temporada de *O balcão,* Victor Garcia concedeu uma longa entrevista a Márcia Saochella (1972), carregando um estigma de "superagressivo" e absolutamente adverso ao diálogo. A jornalista conseguiu um dos mais reveladores depoimentos oferecidos pelo argentino, em meio do qual revelava seu interesse em montar *O homem e o cavalo,* de Oswald de Andrade; o texto, contudo, apresentava problemas com a censura. Apesar de apreensivo com a possibilidade de ter o texto proibido, Garcia dizia "entender" o papel da censura: "me parece normal que assim seja; existe a Censura, e o trabalho deles é este; para mim, entretanto, o principal é que se faça a encenação". Garcia conhecera os escritos do modernista brasileiro na primeira vez em que esteve no país, em 1957. Para ele, havia certas semelhanças entre os trabalhos de Jarry e Apollinaire e o de Oswald. Diante das dificuldades, ele afirmava que se encontrava num estágio em que o importante era "a peça", querendo deixar claro que não era "um chefe de grupo", nem tampouco estava se dedicando "à pesquisa". Diante da probabilidade de censura, declarava: "eu estou numa enorme crise teatral, como todos estão, e já não me interessa mais fazer uma peça a mais...". Perguntado sobre a encenação, se já havia uma proposição, ele respondia não poder trabalhar com os atores ao mesmo tempo que pensava na encenação, "me é pernicioso", dizia. "Me interessa ver a reação do ator no ambiente já pronto; como um peixe no aquário, a água limpa, a cor, a temperatura certas, e me agrada apanhar o ator de improviso." Garcia reiterava que não era um "diretor de equipe". Recordando sua passagem com Peter Brook, assumia que não desenvolvia procedimentos semelhantes. Ao contrário do inglês, julgava sua forma de trabalhar "retrógrada" e "individualista", mas que não mudaria só porque "o estilo de trabalho coletivo" era "o quente", do momento. Chegava a dizer: "a sociedade me enfeiou"; lamentando não poder adotar princípios coletivos, dificultados por "10.000 anos de civilização judaico-cristã" de seus ancestrais, "deformados por uma formação que me foi transmitida". Mesmo assim, o encenador não demonstrava ódio por suas origens, mas procurava se livrar dos valores agrários de sua família: "uma vida campesina, árida, em que se está condicionado a não ser feliz, porque a felicidade é algo vergonhoso, um negócio meio místico ... tinha que agüentar a vida; uma espécie de estoicismo: amassar o teu pão com o suor de sua fronte, e não sofrer com esse suor, ignorá-lo". Quanto aos acontecimentos políticos de 1968, dizia não ter se envolvido ativamente com o movimento; que ficara preso na Alemanha e recebera golpes da polícia por não saber o que ocorria. Segue-se uma série de informações que revelam uma postura diametralmente oposta àquelas que os jornais de grande circulação e a crítica especializada divulgavam. Sobre Arrabal, dizia que não se entendiam bem, que ele era muito "exibicionista" e "surrealista", enquanto ele, Garcia, "classiquinho". Declarava sua admiração por Genet devido à capacidade de aprendizagem, como autodidata, expressa pelo domínio da língua e, sobretudo, por sua posição política clara e forte, inclusive como homem que "não ligava mais para teatro". Em relação a si, Victor Garcia "não encontrava necessidade de ser totalmente radical". Tais informações não tiveram alcance suficiente para dissipar a mitologia que fora criada em torno do encenador. Apesar dos esforços de Ruth Escobar, a censura não permitiu que fosse montado *O homem e o cavalo*, como informava *O Estado de S. Paulo* (Victor Garcia viaja hoje, 19 abr. 1972). Victor Garcia, então, retornou para a Europa e dirigiu a Companhia de Núria Espert. Contudo, em 1973, Ruth Escobar voltou a contratar Victor Garcia para que remontassem, pela terceira vez, *Cemitério de automóveis*, que seria apresentada em Portugal. A montagem obedeceu à mesma concepção do espetáculo de São Paulo. A equipe, porém, enfrentou problemas com a censura local e o espetáculo não pôde ser apresentado em Lisboa, sendo levado em um galpão em Cascais, cidade portuária a 30 quilômetros da capital. A crítica recebeu bem o espetáculo; a montagem foi considerada extraordinária por Urbano Tavares Rodrigues (30 jul. 1973). A reação da platéia se dividiu entre "ovações repetidas" e vaias que vieram de "um setor jovem e agressivo". Na opinião de Rodrigues, o saldo, mesmo com as vaias dos estudantes, era favorável, pois o ataque não chegava a ser significativo como oposição, dadas as características paradoxais da encenação.

Victor Garcia voltava aos palcos brasileiros, no início de 1974, como convidado do I Festival Internacional de Teatro, que comemorava os dez anos da criação do Teatro Ruth Escobar. Aquele seria o primeiro de uma série de festivais que se tornaria a principal atividade da empresária no campo teatral. Comparado ao que viriam a se tornar os Fiacs, como ficariam conhecidos, a primeira versão do festival foi bastante modesta, mas afirmava o interesse de Ruth Escobar em promover o chamado teatro de vanguarda. Assim, ao lado de *Yerma*, com Victor Garcia à frente da Companhia de Núria Espert, fizeram parte do evento Robert Wilson, com *Vida e época de David Clark*,[1] e a companhia portuguesa A Comuna,

---

1   O título original do espetáculo era *Life and times of Joseph Stalin*, mas a censura proibiu o título, que foi substituído. Como o espetáculo seria apresentado no dia 31 de março, os militares brasileiros acreditaram que se tratava de um golpe contra a Revolução de 1964. Houve a necessidade da intervenção do governo dos Estados Unidos para que as Forças Armadas brasileiras acreditassem que Bob Wilson não era um perigoso terrorista (Guzik, 1994).

com *A ceia*, criação coletiva do grupo, e *Para onde is?*, fusão de *O auto da alma* e *O auto da barca do inferno*, ambos de Gil Vicente. Além dessas atrações, o Festival trouxe Jerzy Grotóvski, diretor do Teatro Laboratório de Wroclaw, que relatou suas experiências, conhecidas como Teatro Pobre.

Jefferson Del Rios (11 jan. 1974) antecipava as qualidades de *Yerma*, por meio da qual Victor Garcia provava ser "um diretor integral"; para o crítico, o trabalho do encenador parecia "um caso de imaginação e audácia, qualidades que, manipuladas em condições especiais, deram bons resultados". Ele se referia às "pirotécnicas montagens" de *Cemitério de automóveis* e *O balcão*. Em *Yerma*, o encenador, "sem violentar o texto, sem desviar a atenção do público para efeitos espetaculares ... trouxe à superfície toda a trágica, sensual e telúrica poesia de Federico Garcia Lorca".

O público, acostumado com o gigantismo e a monumentalidade das encenações de Victor Garcia, deve ter ficado surpreendido com a sua versão de *Yerma*. Primeiramente porque o espetáculo ficou em cartaz de 12 a 19 de março de 1974, no tradicionalíssimo Teatro Municipal de São Paulo, ferindo as expectativas de vanguarda que cercavam o encenador. Mesmo assim, a solução cenográfica não deixava de ser criativa e arrojada, porém muito mais comedida do que aquelas que foram empregadas nos espetáculos produzidos no Brasil. Ilka Marinho Zannoto descreve:

> A encenação de Victor Garcia é de uma beleza rara, áspera e seca como os gestos dos camponeses que povoam o mundo de Lorca ... Garcia provou ainda uma vez que sabe dominar plenamente um espaço cênico e construir obras de plasticidade ímpar; mas, pela primeira vez, despojou-se da espetaculosidade que era marca registrada de suas encenações, e nos ofereceu um espetáculo enxuto, em que o texto e atores assumem o primeiro plano, e no qual o cenário, extraordinariamente inventivo, traduz de forma completa as intenções do autor. A plasticidade é a tônica do espetáculo, presente que está na flexibilidade ondulante da lona que recobre o palco, amarrada a cabos pendentes do teto e a fios que a ligam ao chão... (apud Fernandes, 1985, p.189-90)

Yerma trouxe a São Paulo uma face desconhecida de Victor Garcia, um encenador despojado, sem ser conservador. A tão decantada necessidade de atingir o espectador "mais pelos sentidos do que pela razão" não se constituía, portanto, numa declaração de princípios. Um espaço cênico que alterasse a relação de representação frontal não era uma condição indispensável ao seu processo criativo. A montagem de *Yerma* nos leva a indagar por que Victor Garcia, trabalhando numa capital européia, provida de mais recursos e de um público mais acostumado às propostas arrojadas, opta por uma solução tão enxuta?

Em plena temporada de *Yerma*, Ruth Escobar e Victor Garcia se unem uma vez mais para planejar a realização de *Autos sacramentais*, de Pedro Calderón de la Barca. A montagem seria apresentada no Festival de Shiraz, no Irã, e posteriormente excursionaria pela Europa. Não era a primeira vez que Victor Garcia montaria um texto do autor espanhol; em seus primeiros anos, na França, fizera *O grande teatro do mundo*, com um complexo sistema de rodas e engrenagens (Virmaux, 1978, p.259). Novamente a ênfase era dada à monumentalidade cenográfica, com custo estimado em cem mil cruzeiros, empregados com o intuito de contar a história do nascimento, vida, morte e ressurreição do homem. A complexidade técnica do cenário guardava certa semelhança com a exigida em *O balcão*, mediante o uso da "máquina", que foi assim descrita por Sérgio Britto:

> Dia 3 de agosto: vamos à *Folha de São Paulo*, onde a máquina-cenário está sendo construída. É praticamente o diafragma de uma máquina fotográfica. Essa máquina diafragma tem movimentos constantes: as pazinhas, que abrem e fecham o diafragma, abrem e fecham nossa máquina-diafragma-cenário. Victor nos imagina pulando de pá em pá, acompanhando o ritmo do movimento desse diafragma. A máquina começava bastante inclinada e, no final do espetáculo, quando o Homem corre para seu destino eterno, a máquina devia ficar completamente na vertical, aberta, diafragma aberto para o Homem na sua busca de Deus. (1996, p.164)

Os intérpretes trabalhariam, ao redor, sobre e através desta máquina, completamente nus. Apesar da complexidade e da engenhosidade do cenário, no que se refere à exploração do espaço cênico, Victor Garcia retrocedia à frontalidade e pedia uma postura contemplativa do espectador. Todo o espetáculo estava baseado na exploração do sofisticado praticável.

O OLHO DE DEUS

É impossível reconstituir o que foi o espetáculo de *Autos sacramentais*. A primeira dificuldade diz respeito ao texto. A proposta guardava certas semelhanças com os procedimentos adotados por Victor Garcia em *Cemitério de automóveis*, na medida em que o roteiro era constituído pela colagem e pela adaptação de vários textos, traduzidos por Carlos Queiroz Telles. O espetáculo estava dividido em duas partes: na primeira, estavam interpolados *A criação do mundo*, *A criação do homem* e *O casamento da alma e do corpo*; na segunda, *O grande teatro do mundo* e *O mistério dos mistérios*.

Diferentemente dos procedimentos anteriores, quando adotara autores contemporâneos, Victor Garcia optava por um dra-

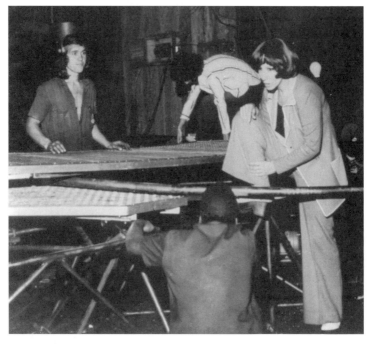

Autos sacramentais, 1974. Ruth Escobar inspecionava a realização da máquina/cenário para o espetáculo de Victor Garcia (Arquivo do Teatro Ruth Escobar).

maturgo clássico espanhol. Pedro Calderón de La Barca nasceu em Madrid em 17 de janeiro de 1600. Suas primeiras obras literárias foram apresentadas em concursos organizados pelos jesuítas em comemoração a eventos religiosos. Em 1622, obteve terceiro lugar com uma canção em louvor a Santo Isidro e o primeiro com um romance dedicado à Penitência de Santo Ignácio. Sua primeira obra dramática, no entanto, foi composta em 1623, uma comédia intitulada *Amor, honra e poder*. Em 1625, escreveu outra comédia, *O sítio de Breda*, e em 1628, *O Príncipe Constante*. 1635 é considerado o ano de sua plenitude literária atingida com a comédia *A vida é sonho*. Ao seu lado, figuram autores igualmente importantes nas letras espanholas como Lope de Vega, Montalbán e Rojas, que integram a época conhecida como Siglo de Oro, intimamente ligados à religiosidade católica atendendo aos ditames da Contra-Reforma. Com a expansão do luteranismo, as autoridades eclesiásticas de Roma instauram uma série de medidas pedagógicas, doutrinárias e repressivas, formuladas pelo Concílio de Trento. Assim, o teatro, dadas as suas possibilidades de comunicação, foi estimulado por concursos promovidos, principalmente, pela ordem dos jesuítas. Ao lado desse processo doutrinário, foram criados os Tribunais da Inquisição, que julgavam e condenavam todo aquele que fosse suspeito do crime de heresia, cuja pena máxima era a fogueira. Assim, os *Autos sacramentais* eram composições de poesia dramática, em um ato, divulgando os dogmas católicos, através de temas diretamente retirados da liturgia. Os *Autos sacramentais*, de Calderón, são considerados a plenitude do gênero, ao resumir a história teológica da humanidade em três momentos: criação, pecado e redenção. O caráter redencionista é afirmado pela função litúrgica e didática, obtida por meio do simbólico e do alegórico, personagens abstratas e universais – a beleza, o pobre, o rei, a discrição. A estrutura lírica e a musicalidade se unem a um complexo jogo de conceitos, relações de paralelismo e oposição entre as personagens, características do Barroco. O jogo de antíteses proposto pelos temas coloca, frente a frente, alegorias opostas, como o rei e o pobre, a discrição e a beleza. O objetivo último é apresentar o valor da redenção, como busca final da humanidade, universalmente submetida ao pecado desde a sua criação. Expressão máxima do teatro barroco, os *Autos sacramentais* correspondem a uma prática muito difundida na Europa desde o período medieval. Na Inglaterra, surgem as *Moralidades*, ou *Autos de moralidades*, no final do século XV que, por sua vez, tem origem nos, já há muito difundidos, Mistérios e Milagres:

> Enquanto os "Milagres", de uma forma geral, tinham por objeto a representação de cenas da vida lendária dos santos da Igreja, os "Mistérios" transpunham os versículos da Bíblia em quadros vivos que, no seu efeito espetacular, iam descobrir ao povo, os segredos que o latim dos livros sagrados lhes ocultava. Esta última modalidade atingiu o seu máximo desenvolvimento com a formação de grandes ciclos processionais, uma vez estabelecido oficialmente o festival do "Corpus Christi" em 1311, e desde então, uma vez por ano, sucediam-se em longo cortejo histórico os carros-tablados em que se representavam os passos principais da Escritura, desde a Criação do Mundo até o Juízo Final. (Amorim, 1969, p.8)

A nota faz referência aos "carros-tablados" e ao "efeito espetacular" que acompanha esse teatro religioso. No teatro barroco espanhol, a engenhosidade dos cenários era semelhante ao inglês e conhecida como Aparências. Em *O grande teatro do mundo*, por exemplo, Calderón De La Barca exige uma cena na qual "com música se abrem dois globos; em um deles, o trono de glória e, sobre ele, o autor sentado; no outro, deve haver duas portas, em uma, pintado um berço e na outra, um túmulo" (1995, p.59). É de se imaginar as dimensões e o mecanismo necessários à operação desses globos, assinalando a complexidade técnica almejada pelo teatro religioso. O teatro clássico litúrgico espanhol guarda correspondência com as complexas experiências cenográficas de Victor Garcia, tanto quanto o decantado teatro de vanguarda. No entanto, o argentino não procurava respeitar os valores religiosos expressos no texto. Sérgio Britto julgou que o pensamento de "Calderón sobre o homem e sua dramática relação ... foram colocados em cena, só que com a ironia e o deboche desse ateu ... que era Victor Garcia" (1996, p.163). Ateu? E suas liturgias e seu misticismo? *Autos sacramentais* ainda nos será muito revelador.

A única referência de Garcia, quanto ao que deveria representar o seu cenário, informava que ele simbolizaria o "olho de Deus".

Essa imagem pode ser encontrada, por exemplo, num quadro de Hieronymus Bosch (1451-1516), artista flamenco que usou o tampo de uma mesa de madeira no centro da qual pintou um grande olho; onde se encontra a pupila está a imagem de Jesus, saindo do túmulo e revelando suas chagas; num círculo intermediário, em vermelho sobre fundo amarelo, lêem-se as inscrições "Cuidado, cuidado, o Senhor vê". O sinal da onipotência divina está estampado além da íris, dividindo o globo ocular em sete seções nas quais são representados os sete pecados capitais. Ao redor do olho, se encontram quatro outros círculos, nas extremidades do quadrado, no qual estão alegoricamente representados a Morte, o Paraíso, o Juízo Final e o Inferno. Segundo Walter Bosing, "a comparação da divindade a um espelho é um tema bastante freqüente da literatura medieval" (1991, p.26).

Ao adotar um diafragma fotográfico como representação da onipresença de Deus, Garcia evidencia suas contradições: põe em pé de igualdade a máquina e a divindade, dois temas que lhe são recorrentes; denuncia a submissão à tecnologia, eleita como novo deus, e amplia suas dimensões, exaltando suas propriedades, logo, venerando-a. Paradoxalmente, a crítica de Victor Garcia contra Deus e contra a máquina revela a dependência que ele tem de ambos. O texto de Calderón guarda certa correspondência com o de Genet, porque ambos empregam recursos metalingüísticos. Em *O grande teatro do mundo*, o Mundo é apresentado como um diretor de teatro, Deus é o autor da peça e pede que sejam convocados os atores que, na forma de alegorias, representam seus papéis na vida. A morte, portanto, encerra o espetáculo.

O TORMENTO DA MÁQUINA

Em 5 de agosto de 1974, informava-se sobre os preparativos do espetáculo, com ênfase à monumentalidade do cenário, um diafragma gigante de cem mil cruzeiros. Segundo a reportagem, "*Autos sacramentais*, de Calderón de La Barca, era a história do nascimento, da vida, da morte e da ressurreição do homem" (Ruth Escobar parte hoje..., 15 ago. 1974). A matéria era ilustrada por uma foto onde Ruth Escobar, cercada por operários, inspecionava a montagem de uma grande estrutura circular, apoiada sobre cavaletes.

Segundo a *Folha de S.Paulo*, a companhia embarcara para Shiraz, onde, pela primeira vez, um grupo brasileiro se apresentaria no Festival da Rainha, realizado anualmente, na capital iraniana. A matéria informava que no roteiro da excursão estavam incluídas as participações nos festivais de Belgrado, Berlim ocidental e Paris. Os custos da produção eram muito superiores aos cachês que seriam pagos pelos organizadores dos festivais, porém contava-se com as expectativas de novos contratos a partir da repercussão que o grupo alcançasse nas exibições programadas (Ruth Escobar foi-se embora..., 18 ago. 1974).

A primeira notícia que localizamos, antes da estréia, declarava que *Autos sacramentais* era a atração mais esperada do festival, graças ao "renome internacional do encenador argentino Victor Garcia, pela magnificência do cenário ... e ao renome internacional de Ruth Escobar...". A empresária atribuía a relevância da participação no Festival de Shiraz e nos demais à possibilidade de "abertura de maiores perspectivas para o trabalho teatral no próprio Brasil", pois, segundo ela, o teatro não acompanhava o "'boom' desenvolvimentista" que o país atravessava, de modo que a participação competitiva no mercado internacional permitiria que o teatro exigisse do governo apoios e subsídios idênticos aos recebidos por outros setores produtivos (Teatro de Ruth Escobar..., 24 ago. 1974).

Apesar do "sucesso" anunciado pelo jornal santista, o espetáculo foi considerado um fiasco pelo *Tehran Journal*, de 24 de agosto de 1974. Desprovido da máquina cênica, extraviada e avariada durante a viagem, o espetáculo poderia contar apenas com os atores totalmente nus. As autoridades iranianas, porém, proibiram a nudez, de modo que os atores se apresentaram vestidos com os macacões brancos que eram usados nos ensaios. "Com suas duas *marcas registradas* – máquina e nudez – removidas da peça, Garcia não assumia a responsabilidade por ela", informava o jornal. O periódico era impiedoso, afirmando que sem os recursos com os quais contava, o argentino se reduzia a "um diretor amador". Se os compromissos com a excursão dependiam de repercussão, a estréia de *Autos sacramentais* não poderia ser pior; os organizadores cancelaram as participações nos festivais de Belgrado e Berlim. O jornal divulgava a posição de Ruth Escobar, que "não comentava as idéias artísticas e o resultados do espetáculo, mas que ... tinha total confiança no gênio de Garcia, com quem pretendia continuar trabalhando no futuro". Por fim, a empresária afirmava: "quando aceitei apresentar a peça esta noite, nós corríamos um risco, mas eu adoro correr riscos" (Director stripped bare, 24 ago. 1974).

Em sua autobiografia, Sérgio Britto (1996, p.167-8) conta que os ensaios tiveram início em junho de 1974, em São Paulo. O elenco ainda não estava totalmente composto e havia grande heterogeneidade, com atores maduros e mais velhos, como Célia Helena e Dionísio Azevedo, entre iniciantes. Victor Garcia não fazia uma marcação e tampouco dava orientações concretas. O texto, "uma adaptação nem sempre muito eficiente em cima de três peças de Calderón", não era explorado em sua literalidade. Depois de quase dois meses de trabalho pouco frutífero, o encenador iniciou os ensaios com o elenco nu. Só então os atores conheceram a "máquina". Como Rofran Fernandes (1985, p.177), Britto escreve que a máquina foi testada no Brasil e chegou a funcionar. Não houve tempo para que os atores ensaiassem, o que seria feito no local da

Autos sacramentais, 1974. Ensaio diante do Palácio das 50 Colunas, em Shiraz (Arquivo do Teatro Ruth Escobar).

apresentação. A "máquina" foi desmontada e embarcada para o Irã. O elenco chegou a Teerã, capital do Irã, em 6 de agosto. Dois dias depois, chegava a informação de que o cenário fora extraviado no aeroporto de Roma e, portanto, não se sabia se ele chegaria a tempo para a estréia. O local da apresentação era Persépolis, numa planície considerada sagrada pelos iranianos, onde estão localizadas as ruínas dos palácios dos reis do antigo império persa, Xerxes, Dario e Artaxerxes.

Apreensivos com o paradeiro da "máquina", os atores voltaram a ensaiar, mas o relato de Sérgio Britto demonstra que Victor Garcia não conseguia criar na ausência da máquina. Não há nenhuma incoerência nisso, se levarmos em consideração opiniões repetidamente expressas pelo próprio Victor Garcia, que por sinal não aceitava o título de encenador: "eu faço arquiteturas que reproduzem o sentido das palavras e a expressão final de um texto" (Britto, 1996, p.163). Mesmo assim, começa a se criar um clima de intrigas, conforme os registros de Britto:

> Dia 12 de agosto. Ruth (Escobar) vem me contar, na hora do almoço, que o cenário talvez não chegue e que agora chegou a hora de Victor se colocar a nu como nós estamos fazendo, esquecer sua máquina e criar um espetáculo que seria inesquecível nas ruínas de Persépolis... (Ibidem, p.165)

Se todas as tentativas de se criar um espetáculo até então eram ineficazes, o mesmo não pode ser dito com relação à produção de escândalos. Victor Garcia convence os atores a passar o texto nus nos jardins do hotel em que estavam, para espanto dos demais hóspedes. No dia seguinte eles repetem o feito em torno da piscina. Quando a "máquina" de Victor Garcia finalmente chega, no dia 17 de agosto, é montada e colocada sobre uma plataforma diante do Palácio das 50 Colunas, mas não funciona. Os atores experimentam algo em torno dela, mas ela está imóvel. São trazidos, durante o ensaio, dois andaimes de 15 metros que, tão inutilmente quanto a "máquina", são experimentados. Quando as autoridades iranianas chegam ao local de ensaio, Victor Garcia exige imediatamente que os atores fiquem nus, numa acintosa provocação. "Ele queria chocar o que ele chamava de hipocrisia" (ibidem), escreve Britto. Victor Garcia estava mais próximo das Vanguardas do que nunca esteve antes.

O engenheiro Élcio Cabral, responsável técnico, não chega a um acordo com os engenheiros iranianos e a "máquina" sucumbe, finalmente, em 19 de agosto. Victor Garcia desmorona, o que não chega a preocupar Ruth Escobar: "a doença de Victor e a criatividade de Victor são duas coisas que vivem juntas", arrematando "que quanto mais doente, mais criativo ele se torna" (ibidem, p.166). Numa tentativa alucinada, Victor Garcia ainda tenta apelar ao exótico para levantar o espetáculo; chama um grupo de músicos iranianos para fazer uma improvisação com o ator negro Antônio Pitanga, que interpretava o Mundo. Ele pede aos músicos que toquem suas cornetas como encantadores de serpentes para que, assim, acordem o Mundo. À medida que um deles toca, vai encostando a ponta do instrumento no corpo do ator, até atingir seu sexo. Garcia toma o pênis do ator e coloca-o dentro da corneta que o músico continua tocando. Esse ato, manifestação de desespero ou fuga, nem sequer fez parte do espetáculo e, tampouco, supriu as ausências do cenário e do encenador. No dia 21 de agosto, o espetáculo foi apresentado, em um tablado instalado à frente do Palácio das 50 Colunas, com o elenco formado por "um conjunto de gente derrotada" (ibidem, p.166). O resultado não poderia ser outro senão aquele registrado pelo *Tehran Journal*. Depois de outras duas apresentações igualmente infelizes, a companhia encerrou sua participação no Festival de Shiraz. Restava a esperança do Festival de Outono, em Paris. Levada para a França, a "máquina" continuava apresentando problemas de funcionamento e gerando apreensões em toda a equipe. Victor Garcia não foi capaz de criar absolutamente nada durante o tempo em que se aguardava a recuperação do cenário. Enviada para o Atelier d'Ouvriers de Paris, os custos para execução dos reparos ultrapassavam as possibilidades da produção, obrigando o abandono total da idéia inicial, baseada no gigantesco "olho de Deus". Mas quando a "máquina" de metal, engrenagens e parafusos falha, revela-se outra "máquina".

A "górgona de goela de esponja", a "medusa que transforma tudo em produto da cultura", a "quimera voraz" e o longínquo personagem de Chico Buarque, devorado pelo meio que o criou, se preparavam para entrar em cena. Se o teatro era um espelho da vida e todos somos meros atores, Garcia não havia se preparado para o seu papel. Se a arte de vanguarda criticava ferozmente o mundo capitalista, se O *balcão* era o reflexo das instituições friamente dirigidas para obter retorno financeiro, o artista estava sujeito ao mesmo destino na "mascarada". As lentes de Andréa Tonacci e as palavras de Sérgio Britto não deixaram esse momento sem registro.

O título do filme de Tonacci, *Jouez encore, payez encore* (1975), não permite uma tradução literal. É um trocadilho de jogatina, algo como "pagando para ver". Ele traduz com precisão a idéia que o documentário procura transmitir. A montagem feita pelo documentarista parte das imagens captadas em ensaios e no cotidiano da equipe, de Shiraz até Paris. O documentário é dividido em cinco seqüências. A primeira mostra os ensaios em frente às ruínas do Palácio do Rei Dario. O elenco ouve atentamente as explicações, um tanto ríspidas, do diretor. Em seguida, o elenco diz o texto com muito vigor, mas tomadas paralelas dos atores que não detêm o foco oferecem índices de dispersão. Em seguida, o cenário aparece montado numa visão panorâmica, que permite visualizar as grandes dimensões do diafragma. Os atores e o encenador estão sobre o gigantesco objeto verificando seu funcionamento. Em seguida, operários desmontam e retiram a máquina.

A seqüência seguinte é a mais clara quanto ao ponto de vista adotado pela documentarista. Uma longa e monótona cena apresenta Ruth Escobar, num escritório, negociando com o organizador do Festival de Outono a participação de *Autos sacramentais*. O diálogo evolui do bom humor para a ironia, do sarcasmo ao cinismo e, por fim, Ruth Escobar está absolutamente nervosa. Joga dólares sobre a mesa, atacando o dirigente francês, mas em vão: sem a máquina não há participação do grupo brasileiro.

Tonacci apresenta, em seguida, uma cena doméstica, com Ruth Escobar ao lado de Maria Rita e Seme Lutfi, brincando sentados numa cama, quando um telefonema, atendido por Ruth, avisa que Victor Garcia desapareceu. Mesmo assim, Maria Rita e Ruth continuam brincando com a situação.

Na seqüência posterior, Leina Krespi, atriz; Carlos Augusto Strazzer, assistente de direção; Élcio Cabral Filho, engenheiro; Ruth Escobar e Victor Garcia estão num escritório ao lado dos engenheiros franceses. A cena gira em torno da exigência dos técnicos do Atelier des Ouvriers por garantias contratuais para que possam começar o trabalho de reparos na "máquina". Ruth, por sua vez, espera a avaliação de Élcio Cabral quanto à possibilidade de conserto e, principalmente, de Victor Garcia ter tempo de montar o espetáculo; caso contrário, "nem entra no jogo". O grupo se dirige à oficina, onde a "máquina" está sendo analisada; os *closes* sobre o encenador revelam o nível de sua ansiedade.

As próximas tomadas mostram o elenco sentado em círculo no palco de um teatro. Os atores dizem o texto "branco"; alguém se perde e Ruth Escobar interrompe o ensaio, ofendendo os atores, chamando-os de "merda". O encenador grita com a empresária e sai do palco. Segue-se uma histérica e aterradora discussão que culmina com o elenco se agredindo física e moralmente. Os detalhes da situação são descritos por Sérgio Britto (1996, p.168), mas nosso interesse se limita a algumas opiniões expressas pela empresária. Carlos Strazzer pergunta a Ruth se ela renegava O *balcão*, ao que ela respondia que sim, pois "estava cansada dessa vanguarda pequeno-burguesa, que está na hora de denunciar tudo isso..." (ibidem, p.168). Ruth Escobar ainda dirá a Sérgio Britto, na Itália, que seu sonho era "fazer um teatro realmente político, capaz de revolucio-

Autos sacramentais, 1974. Apresentação na Bienal de Veneza (Arquivo do Teatro Ruth Escobar).

nar o mundo, e nunca mais o teatro de Victor, esteta preocupado apenas com a forma. Ela mesma diz que *Balcão*, espetáculo da década no Brasil, é uma realização puramente fascista" (ibidem, p.170).

Autos sacramentais, 1974. Ensaio do espetáculo (Britto, 1996, p.168).

A importância do espaço cênico na obra de Victor Garcia, na perspectiva de nossa análise, termina aqui. As apresentações realizadas em Veneza, Portugal e Londres, realizadas em tradicionais palcos frontais, contando apenas com a nudez dos atores, foram soluções que não constituiram concepções cênicas novas. O fato de o espetáculo ter sido prestigiado em algumas das cidades em que foi apresentado diz muito mais respeito à nudez total e permanente durante todo o tempo do que aos atributos do encenador.

No dia 12 de janeiro, Sérgio Britto anotou, em seu "Diário de uma loucura", o retorno do elenco ao Brasil. Não há notícia de que Victor Garcia tenha voltado ao Brasil, apesar da afeição que sentia pelos brasileiros, considerados afetuosos e hospitaleiros. Ele ainda montou *As divinas palavras*, em 1976; *Gilgamesh*, em 1979; e *Bodas de sangue*, em 1980. Em 1981, voltou a montar *Autos sacramentais*, com a companhia Nuria Espert. Alain Virmaux (1978, p.259) registrou que Victor Garcia, no início de sua carreira, afirmara que o importante não era ler Artaud, mas sim vivê-lo. Em 1948, Artaud foi encontrado morto em um quarto do Hospício de Ivry, aos pés de uma cama, com um sapato na mão. Em 1982, Victor Garcia morreu de doença não revelada; seu caixão lacrado foi acompanhado praticamente só pelos atores do grupo brasileiro Macunaíma, que, coincidentemente, excursionavam pela França. Segundo Radhá Abramo (4 set. 1982), "Victor Garcia ... morreu na mais completa miséria. Não tinha sequer roupa para vestir".

CONCLUSÃO

"À medida que os meios e os pressupostos do êxito econômico são subtraídos à esfera de influência do indivíduo, o sentimento de insegurança, de se estar à mercê de um monstro despótico torna-se cada vez mais forte."
(Arnald Hauser, *História social da literatura e da arte*)

A obra de Victor Garcia no Brasil poderia ser conclusivamente interpretada em termos trágicos. Os ingredientes do teatro clássico grego estariam ali contidos. Chico Buarque, que ao lado de Paulo Pontes se ocupou de transferir a dimensão mítica da Antigüidade para a realidade brasileira contemporânea em *Gota d'água*, profetizava a devoração do artista na sociedade submetida aos meios de comunicação de massa em *Roda viva*, sucesso de público imediatamente anterior a *Cemitério de automóveis*. No decorrer da jornada, a seleção de glórias do encenador argentino, com a superexposição de *O balcão*, título que se antecede ao seu criador quando se procura situar o interlocutor com relação a Victor Garcia, atende ao estabelecimento da *empatia*: "única montagem brasileira entre as *Revoluções Cênicas do Século XX*". O aval internacional que dignifica as artes cênicas nacionais, propondo desempenho a ser seguido, identificação a ser adotada pelos nossos criadores teatrais. Tomada como unidade, a "trilogia" brasileira, apresenta a *peripeteia* em *Autos sacramentais*; da glória com a montagem do texto de Jean Genet ao infortúnio em Calderón de La Barca. O embate do artista contra a derrocada, registrada pelas lentes de

Andréa Tonacci, cria a tensão diante da expectativa da superação da crise: a exigência das plenas condições de uso do "olho de Deus", a máquina mirífica mostrada inerte sobre as areais de Shiraz. Um olhar arguto detecta o início da *anagnorisis*, no paroxismo presente na montagem de *O balcão*. Garcia não é uma vítima inocente de seu destino, não desconhece a abordagem de Jean Genet; no entanto, não encontra meios para superar a situação em que, contraditoriamente, se enreda. Logo, o destino inexorável se fecha em *katastrophê* e Victor Garcia, após 1974, ao que se sabe não mais pisará em solo brasileiro, se tornando uma sombra por trás de suas duas primeiras obras.

Em termos poéticos, o teor fabular associado à presença de Victor Garcia como encenador no Brasil permite a leitura em termos trágicos. Contudo, não se trata da sujeição absoluta ao poder da *moira*; não nos referimos ao homem da Antigüidade ou da Idade Média, desprovido de vontade livre; trata-se do homem contemporâneo, fruto da sociedade industrial no auge de uma de suas crises. Trata-se de um homem historicamente situado. Apenas e tão-somente nesses princípios é que pudemos compreender as produções de Victor Garcia ao lado de Ruth Escobar e, logo, nas opiniões de Ernest Fischer (1981), baseadas em Marx e Engels, que encontramos fundamentação mais adequada à conclusão de nosso trabalho. Temos a situação do encenador que adota o cenário em detrimento do ator; do artista que se torna diminuído por sua obra; de um sistema que descarta seus produtores. Aliás, a reificação originada pelo capitalismo remonta à revolução burguesa, a partir da qual "o dinheiro domina toda a vida pública e privada; tudo se curva perante ele, tudo está a seu serviço, tudo se corrompe por ele" (Hauser, 1982, p.887). Tal ponto de vista, reiterado por Fischer (1981), assinala a *desumanização* das relações no sistema capitalista no seu sentido geral, e do artista, em particular. Em *Gota d'água*, Chico Buarque assinalara a transformação do homem em um produto da indústria cultural, cuja validade era determinada pelo interesse do público e precisava se renovar até onde fosse possível, ao fim do que, deixando de existir como mercadoria e eliminado do universo do consumo, o individuo por trás da obra igualmente desaparecia. Vejamos como se manifesta Fischer:

O produtor de mercadorias, a tudo estendendo a crescente divisão do trabalho, a dilaceração do trabalho, o anonimato de certas forças econômicas, destruiu as relações humanas diretas e levou o homem a uma crescente alienação da realidade social e de si mesmo. Em tal mundo, a arte também se tornou uma mercadoria e o artista foi transformado em um produtor de mercadorias. O patrocinador individual foi invalidado por um mercado livre no qual a avaliação das obras de arte se tornava difícil, precária, e onde tudo dependia de um conglomerado anônimo de consumidores chamado público. A obra de arte foi sendo cada vez mais subordinada às leis de competição. (1981, p.59)

Entendemos que foi cumprido o objetivo de tornar conhecidas as soluções adotadas por Victor Garcia, no que se refere ao uso do espaço cênico. Na mesma perspectiva, do ponto de vista crítico, podemos dizer que a criação do encenador foi valorizando gradativamente mais a engenhosidade e a monumentalidade em detrimento das relações de representação. Partindo da premissa de que são elas, as relações de representação, essenciais ao fenômeno teatral e o ambiente intrinsecamente vinculado a essas relações, conseqüentemente o espaço cênico passou a ser secundário. O gigantismo e a complexidade ganharam autonomia com a função de criar impacto sobre a platéia como fator diferencial de produções que necessitavam disputar espaço no mercado do entretenimento. Como tais, os empreedimentos tiveram, como toda e qualquer atividade comercial, validade enquanto produziram um balanço favorável entre o capital investido e os lucros obtidos. No instante em que o processo criativo de Victor Garcia passa a comprometer a eficácia comercial do espetáculo, o encenador – como peça na engrenagem do mundo capitalista que ele tanto criticava, mas do qual continuava a participar – foi descartado.

Retomemos, portanto, o gigantismo de *O balcão*, frustrado em *Autos sacramentais*. À luz das relações de representação, representam o que Fischer (1981) chama de "desumanização". Afirma o autor que "em um mundo alienado, no qual unicamente as *coisas* têm valor, o homem se torna um objeto entre objetos: o mais impotente, o mais desprezível dos objetos" (p.105). Se, em termos gerais, a assertiva só venha a reiterar o que já foi dito, recuperamos a nossa apresentação da dimensão essencial ao desenvolvimento do teatro, contida nas relações de representação: a disposição do público em relação à atividade do ator em todo e qualquer lugar. O pólo ativo do fenômeno é o homem, seja na fruição, seja na criação. O ambiente – uma sala, um templo, uma capoeira, uma oficina mecânica ou uma sala de espetáculos – será fecundado pela manifestação humana. O homem é fator essencial ao teatro. Não é difícil verificar que tal valorização poderia ser encontrada na proposta de Grotóvski para que o espetáculo teatral fosse um ato de comunhão por meio de *representações coletivas* (1987, p.37). Ocorre que o Teatro Pobre se desenvolve em um país no qual se tentava superar o capitalismo. Se, no mundo capitalista, como afirma Hauser, tudo se transforma em mercadoria, e Fischer assinala que essa transformação implica *desumanização*, o teatro envolvendo essencialmente o encontro entre homens, ao se desumanizar, se anula, se extingue. Não se trata, no entanto, de considerar, a despeito de nossa opinião pessoal, que a produção comercial em moldes capitalistas seja menos válida do que outra qualquer. Julgamos apenas que é inadequado, em primeiro lugar, considerar o trabalho do encenador Victor Garcia como manifestação de vanguarda, visto que esta pressupõe a busca de formas alternativas de criação fora do sistema de produção capitalista; em segundo lugar, parece constituir profunda incoerência pretender criticar o mesmo sistema, produzindo segundo suas normas de funcionamento. É indiscutível que o teatro de Victor Garcia, no Brasil, corresponde ao emprego de soluções inspiradas nas Vanguardas, mas naqueles espetáculos que se apropriaram de atributos formais vanguardistas, descartando a sua virulência e subversão, sem os quais o seu conteúdo perde completamente o sentido. Mesmo assim, é possível concluir que em *Cemitério de automóveis* o espaço cênico reúne coerência com os propósitos de integração entre público e atores diante da crueza e da repugnância de um universo onde prevalece o paroxismo da atitude anti-humana. As dimensões gigantescas de *O balcão*, paradoxalmente, anularam o encontro entre atores e público e essa distância se tornou ainda maior para a realização de *Autos sacramentais*, em que a criação de Victor Garcia pautou-se na *coisa*, na máquina, a ponto de dispor de um elenco formado por atores experientes e outros jovens, mas todos disponíveis, sobretudo levando em conta as adversidades que cercaram a montagem desde o início, até a exigência da completa nudez. O material humano, a despeito das condições particulares, foi relegado a segundo plano, a ponto de não dar indícios suficientes de que tenha conquistado relevância na temporada européia. Completa desumanização.

Por fim, a queda do encenador deve ser entendida em termos de *alienação*, o conceito que define o processo pelo qual a separação do homem da natureza e da produção o leva à desconexão com as relações sociais e de produção que o cercam, sobretudo, com o desenvolvimento da sociedade industrial por meio da profunda especialização e divisão do trabalho. Assim o homem "aliena-se das coisas por ele mesmo feitas e aliena-se de si próprio, perde-se no ato da produção" (Hauser, 1982, p.95). Tal definição apropriada à lógica capitalista em seus diferentes setores de produção se aplica igualmente à produção artística e teatral. Nesses termos, especificamente é Bertolt Brecht quem nos dá a letra, com a qual construímos a imagem que caracteriza a devoração de Garcia: a engrenagem. Relacionar a sociedade capitalista industrial com a máquina esteve presente tanto nas análises teóricas como na prática dos artistas da vanguarda. Referindo-se à apropriação dos meios pelos quais a ópera era constituída visando à sua apropriação, Brecht insere o teatro no mundo da mercadoria alertando para a condição de trabalhador que cerca o artista e para o perigo do desconhecimento de seus mecanismos:

> Pois, na convicção de estarem de posse de uma engrenagem que, na realidade, os possui, eles defendem [os produtores] algo sobre o que já não têm qualquer controle, que já não é (como crêem, ainda) um meio ao serviço dos produtores, mas se tornou, de fato, um meio contra os produtores. Defendem, portanto, uma engrenagem que é um meio contra sua própria produção... (1978, p.12)

Alerta o dramaturgo, encenador e pensador do teatro dialético para a contradição à qual os produtores devem se ater se não estiverem de acordo com as determinações do sistema, alertando para o caráter mutante do próprio capitalismo, capaz de assimilar as mudanças necessárias à "reforma, e não a transformação da sociedade existente" (ibidem). Tal condição se estende à crítica.

Quando se diz que esta ou aquela obra é boa, subentende-se, mas nunca se diz, que é boa para a engrenagem. Esta, por sua vez, é condicionada pela sociedade existente, da qual aceita apenas aquilo que a mantém. Todas as inovações que não ameaçam a função social da engrenagem, ou seja, a função de diversão noturna, poderiam ser postas por ela em discussão. (ibidem, p.12)

O que está posto, enfim, é o fato de que os artistas não podem se alienar da condição de que seu trabalho necessita, como toda e qualquer atividade produtiva, de meios de produção sem os quais estará sujeito à apropriação em meio à lógica mercantil. Alienado de sua condição de produtor e sujeito às variações alheias exclusivamente à sua própria vontade o encenador argentino não se desvencilhou da trama em que esteve enredado. Por fim devemos salientar que não se trata de uma análise de uma situação particular entre artista e produtor, mas da inserção de indivíduos em um plano coletivo que apresenta linhas mestras de funcionamento e às quais os indivíduos se adaptam com maior ou menor êxito.

Se pudéssemos resgatar o paralelo estabelecido com a tragédia, no início deste capítulo, diríamos que, sem expectadores, a trajetória de Victor Garcia não se prestou à *katharsis*. A *hamartia* do herói não serviu de expiação aos vícios da *polis*.

REFERÊNCIAS BIBLIOGRÁFICAS

200 PESSOAS por vez para ver "O balcão". *Folha de S.Paulo*, São Paulo, 29 dez. 1969.
ABEL, L. *Metateatro*. Rio de Janeiro: Zahar, 1968.
ABRAMO, R. O enterro de Garcia, pequeno grande homem. *Folha de S.Paulo*, São Paulo, 4 set. 1982.
AMORIM, M. L. Introdução. In: *Auto de moralidade de todo-o-mundo*. Coimbra: Atlântida, 1969.
APOLINÁRIO, J. Cemitério de automóveis. *Última Hora*, Rio de Janeiro, 12 out. 1968.
ARARIPE, O. Crepúsculo, não vanguarda. *Correio da Manhã*, Rio de Janeiro, 6 mar. 1970.
ARGAN, G. C. *Arte Moderna*: do iluminismo aos movimentos contemporâneos. São Paulo: Companhia das Letras, 1995.
ARRABAL, F. A oração. Museu Lasar Segall, s.d.(a) (Mimeogr.).
_____. A primeira comunhão. Museu Lasar Segall, s.d.(b) (Mimeogr.).
ARTAUD, A. *Os escritos de Antonin Artaud*. Porto Alegre: L&PM, 1986.
_____. *O teatro e seu duplo*. São Paulo: Max Limonad, 1987.
_____. *Os sentimentos atrasam*. Lisboa: Hiena, 1993.
_____. *Linguagem e vida*. São Paulo: Perspectiva, 1995.
ASLAN, O. Le cimetière des voitures. In: JACQUOT, J. (Org.) *Les voies de la création théâtrale*. Paris: CNRS, 1970.
AUBERT, C., BOURBONNAUD, J. L. Kaspariana. In: JACQUOT, J. (Org.) *Les voies de la création théâtrale*. Paris: CNRS, 1970.
AUTOS sacramentais agora em Veneza. *Jornal do Brasil*, Rio de Janeiro, 25 out. 1974.
AUTOS sacramentais em cartaz em Lisboa. *Folha de S.Paulo*, São Paulo, 20 out. 1974.
BABLET, D. *Les révolutions scéniques du XXe siècle*. Paris: Société Internationale d'Art, 1975.

BAEDER, F. O balcão e as várias reações. *A Gazeta*, São Paulo, 8 jan. 1970.

BALCÃO encerra a sua temporada. *O Estado de S. Paulo*, São Paulo, 15 ago. 1971.

BARCA, P. C. de la. *El gran teatro del mundo*. Madrid: Cátedra, 1995.

BARRETO, F. O Balcão. *A Tarde*, Salvador, 22 jan. 1970.

BENJAMIN, W. *Mágia e técnica, arte e política*. São Paulo: Brasiliense, 1993.

BILLINGTON, M. Calderon. *The Guardian*, London, 27 dec. 1974.

BINS, P. Ainda o balcão. *Correio do Povo*, Porto Alegre, 1º maio 1970.

BORGES, A. O balcão garcia genet martim. *O Jornal*, São Paulo, 12 jul. 1970.

BOSING, W. *Hieronymus Bosch*. Cerca de 1450 a 1516. Entre o Céu e o Inferno. A. Köln: Taschen, 1991.

BRANDÃO, J. de S. *Teatro grego*: tragédia e comédia. Petrópolis: Vozes, 1984.

BRECHT, B. *Estudos sobre teatro*. Rio de Janeiro: Civilização Brasileira, 1978.

BRITTO, S. *Fábrica de ilusões*: 50 anos de teatro. Rio de Janeiro: Salamandra, Funarte, 1996.

BRUSTEIN, R. *O teatro de protesto*. Rio de Janeiro: Zahar, 1967.

CALDERÓN, do Brasil para o mundo. *Jornal do Brasil*, Rio de Janeiro, 24 jul. 1974.

CAMPOS, C. de A. *Zumbi, Tiradentes e outras histórias contadas pelo Arena de São Paulo*. São Paulo: Perspectiva, 1988.

CARDOSO, W. P. O arquiteto. *Jornal da Tarde*, São Paulo, 19 dez. 1969.

CARLSON, M. *Teorias do teatro*: estudo histórico crítico, dos gregos à atualidade. São Paulo: Editora UNESP, 1997.

CARON, J. O. *Território do espelho*: a arquitetura e o espetáculo teatral. São Paulo: 1994. 247p. Tese (Doutorado) – Faculdade de Arquitetura e Urbanismo, Universidade de São Paulo.

CARVALHO, A. C. O tema de Cemitério. *O Estado de S. Paulo*, São Paulo, 13 nov. 1968.

CENSURA viu Cemitério de automóveis. *O Globo*, Rio de Janeiro, 10 out. 1968.

CHRISTO, C. A. Arrabal, pânico e absurdo. *Folha da Tarde*, São Paulo, 22 out. 1968.

CIBOTTO, G. A. II teatro alla Biennale di Venezia, Calderon alla Fenice. *Il Gazzettino*, Venezia, 31 ott. 1974.

COELHO, T. *Artaud*. São Paulo: Brasiliense, 1982.

COSTA, I. C. *A hora do teatro épico no Brasil*. São Paulo: Paz e Terra, 1996.
CRUZ, C. B. A nudez do espectáculo é sinônimo de pobreza franciscana. *Diário Popular*, Lisboa, 13 nov. 1974.
DEL RIOS, J. A dor, segundo Vitor Garcia. *Folha de S.Paulo*, São Paulo, 11 jan. 1974.
DE UMA velha garagem nasce um novo teatro em S. Paulo. *Notícias Populares*, São Paulo, 25 ago. 1968.
DIRECTOR stripped bare. *Tehran Journal*, Teerã, 24 ago. 1974.
DIRETOR argentino chega para montar peça erótica. *Folha de S.Paulo*, São Paulo, 10 jul. 1968.
DOPLICHER, F. Bienalle Senza Mutande. *Sipario (Venezia)*, n.343, 1974.
ESSLIN, M. *O teatro do absurdo*. Rio de Janeiro: Zahar, 1968.
ESTÁ em marcha um golpe de Estado para derrubar o atual governo? *Realidade (São Paulo)*, n.33, dez. 1968.
ESTA festa não é só para os artistas de "o balcão". *Jornal da Tarde*, São Paulo, 29 dez. 1970.
EWEN, F. *Bertolt Brecht*: sua vida, sua arte, seu tempo. São Paulo: Globo, 1991.
FERNANDES, R. *Teatro Ruth Escobar*: 20 anos de resistência. São Paulo: Global, 1985.
FERREIRA, A. B. H. *Novo dicionário da língua portuguesa*. Rio de Janeiro: Nova Fronteira, 1986.
FISCHER, E. *A necessidade da arte*. Rio de Janeiro: Zahar, 1981.
GARCIA, C. A evolução do espaço cênico ocidental. In. ____. *Cenografia, um novo olhar*. São Paulo: Sesc, 1996.
GARCIA, S. *As trombetas de Jericó*: teatro das vanguardas artísticas. São Paulo: Hucitec, 1997.
GARCIA, V. O diretor. *Jornal da Tarde*, São Paulo, 19 dez. 1969.
GENET, J. *Le balcon*. Paris: Barbezat, 1962.
_____. *El balcón*. Madrid: Lousada, 1964.
_____. *O balcão*. São Paulo: Abril, 1976.
GOLDFARB, J. L. (Org.) *Diálogos com Mário Schenberg*. São Paulo: Nova Estela, 1985.
GONÇALVES, M. Uma peça transformada em simples roteiro. *O Globo*, Rio de Janeiro, 24 fev. 1970.
_____. Uma estrutura que mete medo. *O Globo*, Rio de Janeiro, 26 fev. 1970.
GROTÓVSKI, J. *Em busca de um teatro pobre*. Rio de Janeiro: Civilização Brasileira, 1987.

GRUPO brasileiro abre o Festival de Outono. *Diário do Grande ABC*, São Bernardo do Campo, 6 out. 1974.

GULLAR, F. *Vanguarda e subdesenvolvimento*. Rio de Janeiro: Civilização Brasileira, 1978.

GUZIK, A. I Festival Internacional de Teatro (1974): tempo e ressonâncias. In: *30 anos do Teatro Ruth Escobar*: 20 anos de festivais. São Paulo: Secretaria Municipal de Cultura, 1994.

HARVEY, D. *Condição pós-moderna*. São Paulo: Loyola, 1994.

HAUSER, A. *História social da literatura e da arte*. São Paulo: Mestre Jou, 1982.

HELENA, R. O cemitério de automóveis. *A Gazeta*, São Paulo, 16 out. 1968.

_____. Tudo acontece neste balcão. *Correio da Manhã*, Guanabara, 11 jan. 1970.

JACQUOT. J. (Org.) *Les voies de la création théâtrale*. Paris: CNRS, 1970.

JOUEZ encore, payez encore (documentário). Direção de A. Tonacci. São Paulo: Extrema, 1975. NTSC, 65min.

JOVER, A. M. Arquitetura moderna. *Arte Moderna (São Paulo)*, 1982.

KLINTOWITZ, J. O balcão. *Tribuna da Imprensa*, Guanabara, 14 jul. 1971.

KRUSE, O. O mundo surrealista em *Cemitério de automóveis*. *Folha de S.Paulo*, São Paulo, 26 ago. 1968.

LARANJEIRAS, A. Victor Garcia. *Jornal da Tarde*, São Paulo, 5 jul. 1969.

LESSA, E. O balcão ou a verdade da vida e a verdade da arte. *O Globo*, Rio de Janeiro, 28 abr. 1970.

LESKY, A. *A tragédia grega*. São Paulo: Perspectiva, 1990.

LEVI, C. O Cemitério de automóveis. *O Dia*, Guanabara, 17 nov. 1968.

_____. O balcão: um espetáculo teatral. *O Dia*, Guanabara, 10 maio 1970.

_____. O balcão e Alice. *O Dia*, Guanabara, 26 jul. 1970.

LIMA, R. N. *A devoração de Brecht no Teatro Oficina*. São Paulo, 1988. 2v. Tese (Doutorado em Artes Cênicas) – Escola de Comunicações e Artes, Universidade de São Paulo.

MAGALDI, S. Em um novo teatro paulista, um espetáculo que é a vanguarda dos palcos da Europa. *Jornal da Tarde*, São Paulo, 16 out. 1968.

_____. O ritual do teatro novo. *O Estado de S. Paulo*, São Paulo, 19 dez. 1969.

_____. O balcão. *Jornal da Tarde*, São Paulo, 31 dez. 1969.

_____. Para você entender melhor o balcão. *Jornal da Tarde*, São Paulo, 10 jan. 1970.

MAGALDI, S. *Um palco brasileiro*: o Arena de São Paulo. São Paulo: Brasiliense, 1984.

_____. *Nelson Rodrigues*: dramaturgia e encenações. São Paulo: Perspectiva, 1992.

MANCINI, F. *L'evoluzione dello spazio scenico*. Bari: Dedalo, 1996.

MANTOVANI, A. *Cenografia*. São Paulo: Ática, 1989.

MENDES, O. O balcão. *Última Hora*, São Paulo, 2 nov. 1969.

MENDONÇA, P. Cemitério de automóveis. *Folha de S.Paulo*, São Paulo, 16 out. 1968.

_____. O cemitério, ainda. *Folha de S.Paulo*, São Paulo, 3 nov. 1968.

MERKEL, U. *Teatro e política*: poesias e peças do expressionismo alemão. São Paulo: Paz e Terra, 1983.

MICHÁLSKI, Y. Arrabal em São Paulo. *Jornal do Brasil*, Rio de Janeiro, 19 dez. 1968.

_____. O balcão: teatro visto na vertical. *Jornal do Brasil*, Rio de Janeiro, 17 jan. 1970.

_____. Ilusões vistas do balcão (I). *Jornal do Brasil*, Rio de Janeiro, 29 jun. 1970.

_____. Ilusões vistas do balcão (II). *Jornal do Brasil*, Rio de Janeiro, 30 jun. 1970.

MICHELI, M. de. *As vanguardas artísticas*. São Paulo: Martins Fontes, 1991.

MORARI, C. Cemitério de automóveis. *Última Hora*, Rio de Janeiro, 29 set. 1968.

MORIN, E. *Cultura de massas no século XX*: o espírito do tempo. Rio de Janeiro: Forense Universitária, 1987. v.1. Neurose.

MOUSSINAC, L. *História do teatro*: das origens aos nossos dias. Amadora: Bertrand, 1957.

O BALCÃO: 250 representações consecutivas em São Paulo. *Diário de S. Paulo*, São Paulo, 14 ago. 1970.

O BALCÃO aberto para o público. *Folha de S.Paulo*, São Paulo, 19 fev. 1969.

O BALCÃO completou um ano em São Paulo. *Diário de Notícias*, Rio de Janeiro, 6 fev. 1971.

O BALCÃO das ilusões. *Veja (São Paulo)*, 3 dez. 1969.

O BALCÃO dos sonhos frustrados. *Visão*, São Paulo, 31 jan. 1970.

O BALCÃO inventa um teatro loucura. *Última Hora*, Rio de Janeiro, 26 dez. 1969.

O BALCÃO: uma loucura muito sensata. *Jornal do Brasil*, Rio de Janeiro, 5 abr. 1970.

O BALCÃO: um ano. *Folha de S.Paulo*, São Paulo, 7 jan. 1971.
O ESPETÁCULO infernal. *Fatos e Fotos*, Rio de Janeiro, 5 fev. 1970.
O ESTRANHO mundo de Arrabal. *Diário da Noite*, São Paulo, 13 out. 1968.
O QUINTO ato. *Manchete (Rio de Janeiro)*, n.871, 28 dez. 1968.
ORTIZ, R. *Cultura brasileira & identidade nacional*. São Paulo: Brasiliense, 1986.
OSCAR, H. Cemitério de automóveis. *Diário de Notícias*, Guanabara, s. d.
_____. Premiado o Cemitério. *Diário de Notícias*, Guanabara, 24 nov. 1968.
OS EUA sentem o problema do carro sem dono. *Folha de S. Paulo*, São Paulo, 4 dez. 1968.
OS OBJETIVOS de O balcão. *O Estado de S. Paulo*, São Paulo, 19 fev. 1970.
PAVIS, P. *Dicionário de teatro*. São Paulo: Perspectiva, 1999.
PEIXOTO, F. *Teatro Oficina*: 1958-1982. São Paulo: Brasiliense, 1982.
RATTO, G. *Antitratado de cenografia*: variações sobre o mesmo tema. São Paulo: Senac, 1999.
RIPELINO, A. M. *Maiakóvski e o teatro de vanguarda*. São Paulo: Perspectiva, 1971.
RODA viva (programa de televisão). Entrevista com Ruth Escobar. São Paulo: Rádio e Televisão Cultura, 16 out. 1995.
RODRIGUES, U. T. Cemitério de automóveis pela Companhia Ruth Escobar. *O século*, Lisboa, 30 jul. 1973.
ROUBINE, J. J. *A linguagem da encenação teatral*. Rio de Janeiro: Zahar, 1982.
ROSENFELD, A. *Prismas do teatro*. São Paulo: Perspectiva, Editora da Universidade de São Paulo, Editora da Universidade de Campinas.
_____. *Texto e contexto*. São Paulo: Perspectiva, 1969a.
_____. O teatro agressivo. In: ___. *Texto e contexto*. São Paulo: Perspectiva, 1969b.
_____. *Teatro moderno*. São Paulo: Perspectiva, 1977.
_____. *O teatro épico*. São Paulo: Perspectiva, 1994.
RUTH Escobar parte hoje para o Festival da Rainha. *Folha da Tarde*, São Paulo, 5 ago. 1974.
RUTH Escobar foi-se embora para Pasárgada. *Folha de S.Paulo*, São Paulo, 18 ago. 1974.
SAOCHELLA, M. Victor Garcia. *O bondinho*, São Paulo, abr. 1972.
SÃO Paulo e o balcão. *Correio do Povo*, Porto Alegre, 7 abr. 1970.
SCHWARZ, R. *Que horas são?* São Paulo: Companhia das Letras, 1987.

SÉRGIO Brito e o balcão. *O Jornal*, Rio de Janeiro, 3 ago. 1969.
SILVA, A. S. da. *Oficina*: do teatro ao te-ato. São Paulo: Perspectiva, 1981.
SUBIRATS, E. *Da vanguarda ao pós-moderno*. São Paulo: Nobel, 1991.
TABORDA, T. Paixão segundo S. Vitor. *Última Hora*, Guanabara, 25 out. 1968.
TEATRO Ruth Escobar, um sucesso em Persépolis. *Cidade de Santos*, Santos, 24 ago. 1974.
UMA temporada excepcional. *Visão*, São Paulo, 17 jan. 1970.
VENEZA verá os Autos Sacramentais. *A Gazeta de S. Paulo*, São Paulo, 28 out. 1974.
VIANA, H. O Cemitério de automóveis estreará no próximo dia 29. *Diário de S. Paulo*, São Paulo, 21 set. 1968.
_____. O Cemitério amanhã para a classe teatral. *Diário de S. Paulo*, São Paulo, 13 out. 1968.
_____. *O balcão*, a estréia de hoje. *Diário de S. Paulo*, São Paulo, 19 dez. 1969.
_____. Faces. *Diário de S. Paulo*, São Paulo, 23 out. 1970.
VICTOR Garcia viaja hoje. *O Estado de S. Paulo*, São Paulo, 19 abr. 1972.
VIGNATI, R. Cemitério de automóveis. *Diário Popular*, São Paulo, 29 out. 1968.
_____. O Cemitério que deve ser visitado. *Diário Popular*, São Paulo, 10 nov. 1968.
VIOTTI, S. Um balcão magnífico-I. *O Estado de S. Paulo*, São Paulo, 18 jan. 1970.
_____. Um balcão magnífico-II. *O Estado de S. Paulo*, São Paulo, 20 jan. 1970.
VIRMAUX, A. *Artaud e o teatro*. São Paulo: Perspectiva, 1978.
VV.AA. *Le théâtre*. Paris: Bordas, 1980.
WALFORD, G. Cemitério de automóveis (I). *Diário de S. Paulo*, São Paulo, 19 out. 1968.
_____. Cemitério de automóveis (II). *Diário de S. Paulo*, São Paulo, 20 out. 1968.
WARDLE, I. Hymn to sensuality: Autosacramentales. London, 31 dez. 1974.
WOOD, A. A humanidade ameaçada de autodestruição. *Folha de S.Paulo*, São Paulo, 7 dez. 1968.
ZANINI, I. O balcão: luzes e ferragens num espetáculo absurdo. *Folha de S.Paulo*, São Paulo, 31 dez. 1969.

SOBRE O LIVRO

Formato: 14 x 21 cm
Mancha: 23 x 43 paicas
Tipologia: Classical Garamond 10/13
Papel: Offset 75g/m² (miolo)
Cartão Supremo 250 g/m² (capa)
1ª edição: 2003

EQUIPE DE REALIZAÇÃO

Coordenação Geral
Sidnei Simonelli

Produção Gráfica
Anderson Nobara

Edição de Texto
Nelson Luís Barbosa (Assistente Editorial)
Ana Paula Castellani (Preparação de Original)
Fábio Gonçalves e
Ana Luiza Couto (Revisão)

Editoração Eletrônica
Lourdes Guacira da Silva Simonelli (Supervisão)
Cia. Editorial (Diagramação)

Impresso nas oficinas da
Gráfica Palas Athena